Seymours Gartenbuch für Kinder

Wie jeder sein Gemüse selbst anbauen kann

Zeichnungen von
Jörg Drühl

Lentz

2. Auflage

Titel der Originalausgabe: John Seymour's Gardening Book
G. Whizzard Publications Ltd., London
Deutsch von Ilse Neunzig

© John Seymour 1978;
für diese Ausgabe Georg Lentz Verlag GmbH,
München 1981
Alle Rechte, auch der photomechanischen Vervielfältigung
und des auszugsweisen Abdrucks, vorbehalten
Umschlag: Jörg Drühl
Satz: Josef Fink GmbH, München
Druck: Jos. C. Huber KG, Dießen
Binden: Thomas Buchbinderei, Augsburg
Printed in Germany 1987
ISBN 3-88010-081-0

Vorbemerkung zu John Seymours Gartenbuch

Ein Gartenbuch für Kinder von John Seymour, dem Autor von *Das Leben auf dem Lande, Selbstversorgung aus dem Garten* und *Wir ziehen hinaus aufs Land.*

John Seymour weiß: Das eigene Gemüse anzubauen, ist nicht nur für einen selbst und seine Familie gut, es macht auch noch sehr viel Spaß.

In diesem Buch wird erklärt, wie man selbst aus kleinen und kleinsten Gärten eine Menge ernten kann, wenn man es richtig macht. Hier kann man erfahren, wie die verschiedenen Bodenarten verbessert werden, welchen Einfluß die Jahreszeiten auf den Garten haben und wie man es fertigbringt, sich während des ganzen Jahres mit Gemüse zu versorgen. Dazu gibt es nicht nur für die bekannten Gemüsearten und Kräuter ausführliche Pflanzanleitungen, sondern auch für weniger bekannte.

Zum Schluß gibt uns John Seymour noch ein paar gute Gartentips und Ratschläge über Gartengeräte, die wir als gute Gärtner brauchen, und erklärt einige Fachwörter.

Inhalt

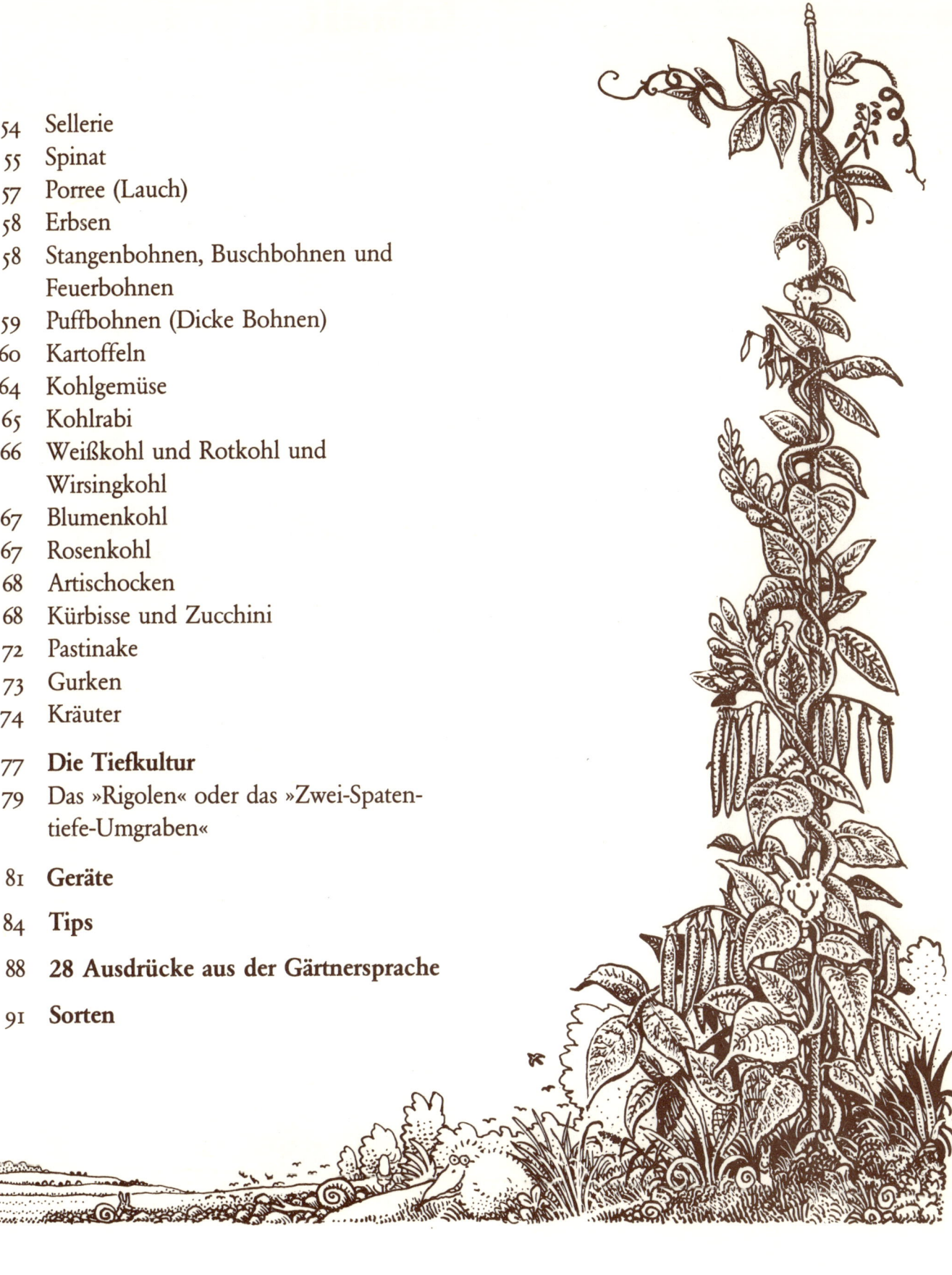

Bevor es losgeht

Kaum etwas macht so viel Spaß, wie sein Gemüse selbst zu ziehen. Es ist eine herrliche und aufregende Sache, ein Stück Land voller Unkraut und Unrat zu säubern, umzugraben und die Erde für die Pflanzen so vorzubereiten, daß sie sich später wohl darin fühlen, Samen auszustreuen und schöne, starke Pflanzen heranwachsen zu sehen, sie zu hüten und zu pflegen, bis sie herangereift sind, und sie dann zu ernten und aufzuessen.

Dieses Buch beweist, daß nicht nur Erwachsene Gärten anlegen und Gemüse anbauen können. Auch Kinder können es.

Alles, was dein Vater, deine Mutter, Onkel oder Tante heranziehen, kannst du genausogut –

wenn nicht sogar besser. Du brauchst nicht einmal auf dem Lande zu leben oder einen großen Garten zu haben. Ein Fleckchen Erde genügt, wenn du es richtig behandelst und wenn du richtig pflanzt.

Eines haben die Erwachsenen den Kindern aber oft voraus: Geduld. Zum Gärtnern braucht man sehr viel Geduld. Es ist anders als beim Drachensteigenlassen oder Rollschuhlaufen; denn dabei hat man das Vergnügen schon während man es tut. Beim Gärtnern ist das anders. Man gräbt den Boden um und sät – und dann muß man *warten*. Natürlich: Bei manchen Saaten wie Radieschen oder Kresse braucht man nicht sehr lange zu warten, aber bei anderen kann es sehr lange dauern, bis etwas kommt, manchmal Monate. Das macht nichts. Im Garten ist es immer interessant. Man pflanzt ja verschiedene Pflanzenarten zu verschiedenen Zeiten, deshalb wächst während des ganzen Jahres immer etwas und kann geerntet werden. Ein Wetterumschwung und der Wechsel der Jahreszeiten tragen auch mit bei zur Freude am Garten.

Wer erst einmal mit dem Gärtnern angefangen hat, läuft jeden Morgen gespannt zum Fenster, um nachzusehen, ob seine Bohnen endlich den erwarteten Regen bekommen haben oder ob es warm und trocken genug für die Kartoffelernte ist oder ob etwa ein scharfer Frost in den Morgenstunden seine schönen Früherbsen kaputtgemacht hat. Ein Gärtner kann sich nie ganz sicher sein, aber das macht den Reiz des Abenteuerlichen nur größer. Abgesehen vom Spaß ist es außerdem noch ein schönes Gefühl zu wissen,

daß man tatsächlich zur Ernährung der ganzen Familie beitragen kann.

Gekauftes Gemüse ist oft viele Tage alt, bis es in die Küche kommt, und oft hat es viel von seiner Frische und seinem Wohlgeschmack verloren. Die meisten Gemüse werden auf großen Feldern angebaut und durch starke chemische Düngergaben zu unnatürlich schnellem Wachstum und zu Supergröße gezwungen. Dadurch wird das Gemüse zwar größer, aber es schmeckt nach nichts. Vor der Ernte wurde es außerdem mit vielen Chemikalien gegen Unkraut, gegen Insekten, gegen Pilz- und gegen Bakterienkrankheiten und gegen was weiß ich noch behandelt

und hat deshalb oft viele Giftstoffe in sich aufgenommen. Dein eigenes Gemüse ist hingegen knackig frisch, frei von schädlichen Chemikalien, von köstlichem Geschmack und es ist auch noch viel gesünder.

Gärtnern macht auch Arbeit. Aber fast alles, was wirklich schön und befriedigend ist, kostet zuerst einmal Schweiß. Der gute Gemüsegärtner muß lernen, welche Arbeit zu tun ist und wie sie richtig zu tun ist. Man kann sehr viel aus Erfahrung lernen, aber wer dieses Buch aufmerksam liest, hat jedenfalls einen guten Start.

Also, frisch gewagt und viel Spaß beim Gärtnern!

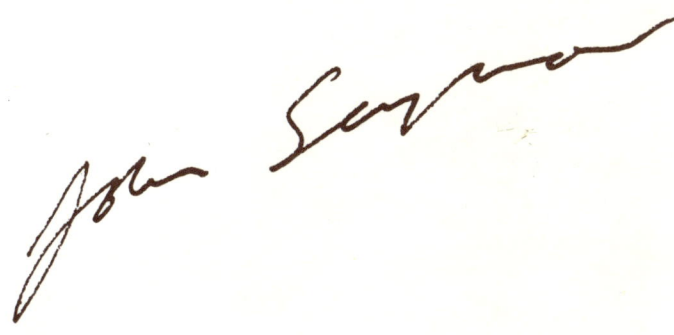

Wie Pflanzen wachsen

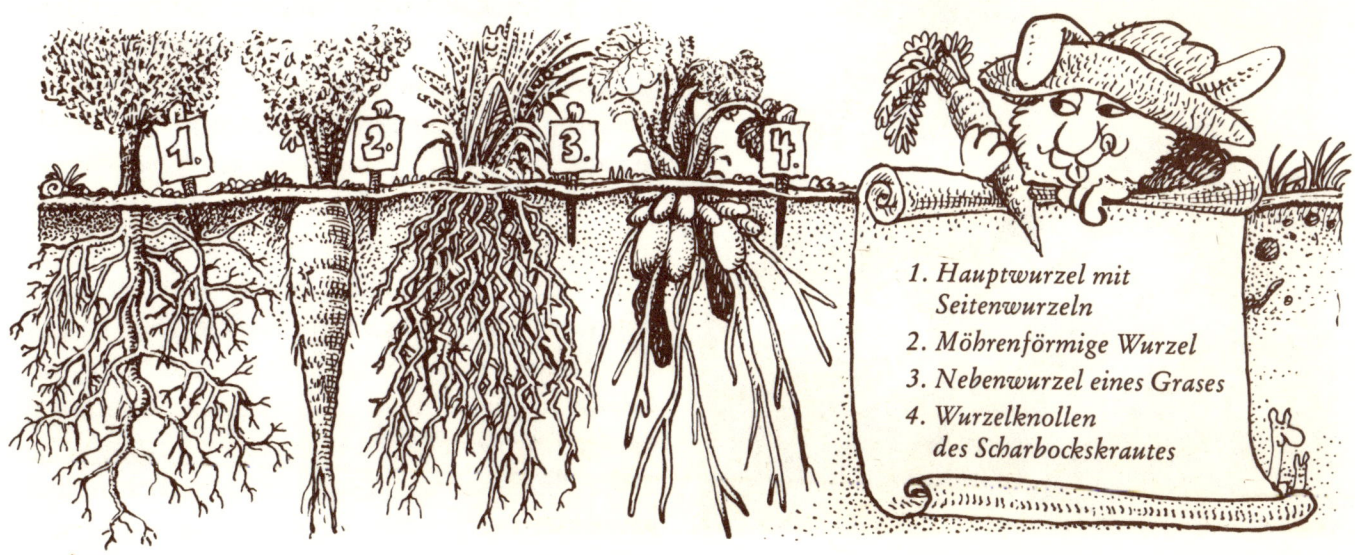

1. Hauptwurzel mit
   Seitenwurzeln
2. Möhrenförmige Wurzel
3. Nebenwurzel eines Grases
4. Wurzelknollen
   des Scharbockskrautes

Pflanzen brauchen Erde, darin stecken ihre Wurzeln. Jede Pflanzenart braucht eine besondere Erde. Einige Pflanzen mögen leichte Erde – Erde mit viel Sand. Einige mögen schwere Erde – Erde mit viel Lehm. Einige wollen lockere Erde, andere lieber feste Erde. Es gibt Pflanzen, die wollen unbedingt »saure« Erde haben (das ist Erde mit wenig Kalk), und dann gibt es andere, die fühlen sich nur in einer kalkreichen Erde wohl. Es gibt aber auch Pflanzen, denen beinahe jeder Boden recht ist. Sie haben »keine besonderen Bodenansprüche«. Nur irgendeine Erde brauchen alle Pflanzen, denn sie müssen sich darin festhalten und sich aus ihr ernähren.

Sie holen sich ihre Nahrung, indem sie Wasser mit ihren Wurzeln aufsaugen. In dem Wasser sind nahrhafte Stoffe aufgelöst. Das Wasser mit diesen Nährstoffen, dem Pflanzenfutter, wandert in den Wurzeln hinauf, in die Pflanzensten-

gel und dann in die Blätter. Die Blätter werden von der Sonne beschienen. Sonnenschein besteht aus heißen Strahlen. Sonnenschein liefert ENERGIE.

Damit sie leben und wachsen können, brauchen Pflanzen genau wie wir Menschen Energie. Sie haben einen grünen Stoff in sich (deshalb sehen sie grün aus), der *Chlorophyll* heißt.

Dieses grüne Chlorophyll braucht für seine Arbeit Sonnenstrahlen; denn es muß bestimmte »unorganische« (das heißt nicht lebende) Bestandteile, die vom Wasser aus der Erde in die grünen Pflanzenteile transportiert wurden, in »organische« (das heißt lebende) Masse verwandeln. Für diese Umwandlung brauchen die Pflanzen auch noch einige chemische Stoffe aus der Luft.

Diese organische Masse ist also gespeicherte Energie, die durch Wasser in der Pflanze verteilt wird. Sie läßt die Pflanze wachsen und gibt ihr auch ihr besonderes Aussehen. Sie entwickelt Samen und Blütenstaub, damit sich die Pflanze vermehren kann.

Das ganze Leben auf der Erde hängt von diesem grünen Stoff, dem Chlorophyll, ab. Wenn du ein Stück Rindfleisch ißt, wurde auch das aus grünen Pflanzen gemacht. Das Rind hat Pflanzen gefressen und dadurch wuchs sein Fleisch. Selbst Pflanzen, die gar nicht grün sind, Pilze zum Beispiel, leben von anderen grünen Pflanzen oder ihren verwesenden Überresten.

Im Grunde kommt alles auf eine Umwandlung der von den Pflanzen aufgenommenen Stoffe an, auf eine Umformung vor allem mit Hilfe des Chlorophylls, aber auch unter Mitwirkung von Wasser und Lichtenergie.

Außer der Umwandlung gibt es noch die sogenannte Osmose, das ist der Austausch oder das Aufsteigen von Flüssigkeiten innerhalb der Pflanzenzellen. Hierdurch wird die Nahrungsversorgung der Pflanze von den äußersten Wurzelhärchen bis hinauf zur höchsten Triebspitze gewährleistet.

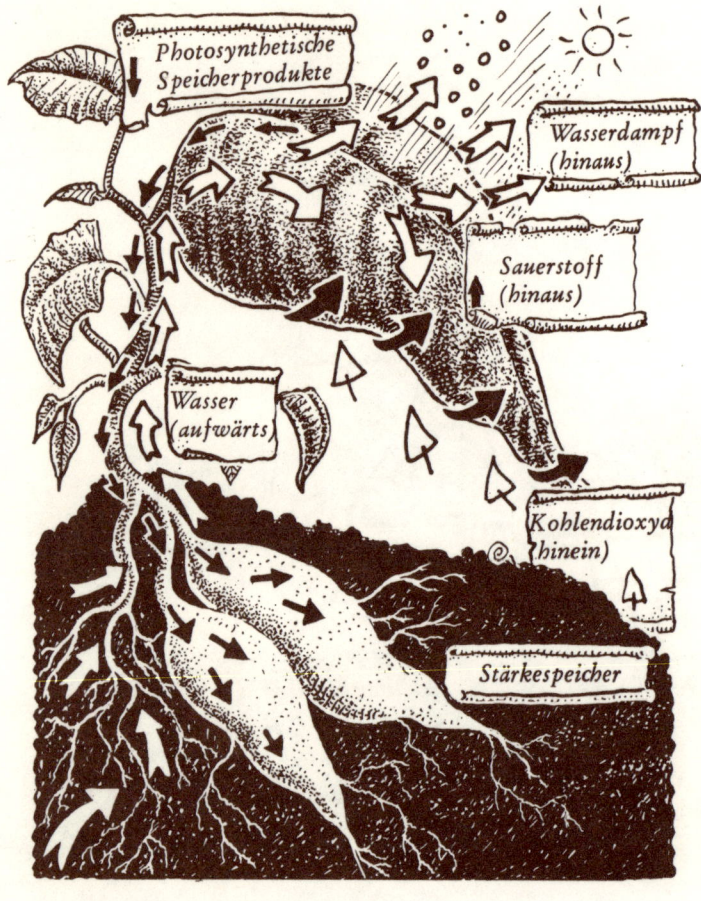

Die Pflanzen brauchen Platz, sie wollen ihr Bett genausowenig wie die Menschen mit mehreren teilen. Man darf sie also nicht zu eng setzen.

Wir müssen unseren Pflanzen also eine Erde bieten, in die sie mit ihren Wurzeln gut eindringen können. Die Erde muß aber auch fest genug an den Wurzeln liegen, damit sie Wasser und Nährstoffe aufnehmen können.

Wir müssen für genügend Licht sorgen; die meisten Pflanzen brauchen direktes Sonnenlicht, aber einige leben lieber im Schatten oder Halbschatten.

Und dann müssen wir gut aufpassen, daß die Pflanzen nicht zu eng beieinander stehen. Du willst dein Bett ja wahrscheinlich auch nicht gern mit sechs anderen Leuten teilen, die dann auch noch mit dir von einem einzigen Teller essen wollen. Pflanzen haben das ebenfalls nicht gern. Sie brauchen Platz und mögen kein Unkraut neben sich. (Auf Seite 78 erkläre ich, wie man in einem *Tiefkulturbeet* Pflanzen etwas dichter zusammen setzen kann.)

Unkraut ist zäher als Gemüsepflanzen. Unkraut ist von der Natur so ausgestattet, daß es im Erdboden lange überleben kann. Gemüsepflanzen wurden von den Menschen so gezüchtet, daß sie gegessen werden können. Durch die Züchtung haben sie etwas von ihrer ursprünglichen Widerstandskraft eingebüßt. Für dich heißt das: Wenn du deinen Pflanzen nicht hilfst, bleibt das Unkraut Sieger.

Bodenvorbereitung und Bodenernährung

Soviel nackter Boden ...   *soviel Unkraut ...*   *und soviel Vögel ...*

Bodenvorbereitung

Wie fängst du also an, wenn es dir gelungen ist, ein Stückchen Gartenland zu erwischen? Vielleicht wurde es vorher schon als Garten genutzt. Dann ist es mehr oder weniger nackte Erde, und wahrscheinlich wächst eine Menge Unkraut darauf.

Nun willst du etwas säen. Wenn du den Samen einfach auf den Boden streust, freuen sich die Vögel und werden alles aufpicken. Du mußt den Samen also *in* die Erde bringen. Die Erde ist aber womöglich hart und festgetreten und voller Unkraut. Ist das Unkraut hoch, kannst du es vielleicht mit der Wurzel herausreißen und auf

den Komposthaufen (auf Seite 28) werfen. Du kannst das Unkraut aber auch vergraben.

Zum Graben brauchst du einen Spaten. Wenn dein Land nicht zu stark verunkrautet ist, geht es noch besser mit der Grabegabel. Du fängst an einem Gartenende an und hebst einen Graben aus, so wie auf dem Bild. In diesen Graben wirfst du das ausgejätete Unkraut. Und so machst du weiter bis zum anderen Gartenende.

Jetzt hättest du am Anfang einen kleinen Erdwall und am Ende einen unaufgefüllten Graben. Ich werfe die Erde des ersten Grabens einfach hinter mich, wenn ich mit dem Umgraben anfange. So verteilt sie sich von selbst, und ich muß nicht die Erde des Walles vorn in den Gra-

Hier wird im Bild gezeigt, wie das fachgerechte Umgraben vor sich gehen sollte.

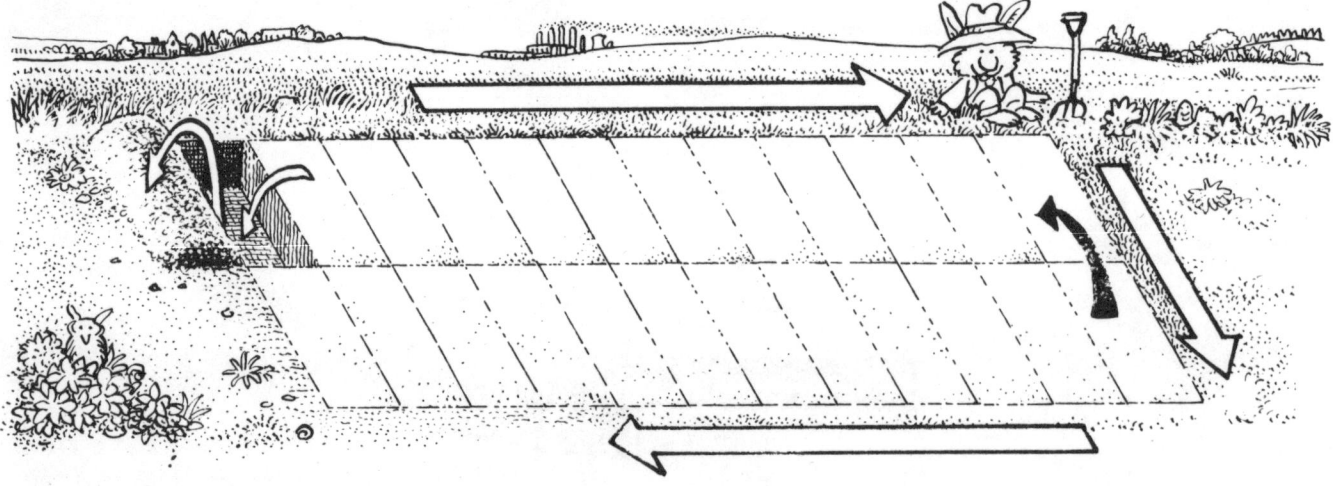

Ein Samenkorn wird unter großen Erdklumpen erdrückt. In zerkrümelter Erde kann es wachsen und ans Licht kommen.

...und endlich keimt's.

ben nach hinten bringen. Wenn der Boden eben ist, kannst du beim nächsten Umgraben am anderen Ende anfangen, um die Erde in die andere Richtung zu bewegen. (Du solltest jetzt erst mal das Kapitel über die Tiefkultur lesen. Vielleicht entschließt du dich, ein Tiefkulturbeet anzulegen, so wie es dort beschrieben ist.) Jetzt hast du also dein Land umgegraben. Und was stellst du fest? Die Erde ist viel zu klumpig, um etwas hineinsäen zu können. Die meisten Samen sind sehr klein, und wenn so ein Samenkörnchen unter einen großen Erdklumpen kommt, stirbt der winzige Keim, bevor er ans Licht gelangt und stark werden kann. Du mußt die Erde also zerkrümeln. Das ist nicht schwer, wenn du es ein bißchen geschickt machst. Zuerst betrachtest du genau deinen Boden:

● Angenommen, deine Erde ist sehr schwer, weil nämlich viel Lehm darin ist, und es in letzter Zeit viel geregnet hat, deshalb bleibt die Erde, wenn du versuchst, die Erdklumpen klein zu kriegen, wie ein dicker Kloß am Spaten oder am Rechen kleben. Was nun? Ganz einfach: Du

wartest, bis die Erde abgetrocknet ist, dann rechst du sie mühelos auseinander.

● Es gibt auch ganz schweren Tonboden, der ist, wenn er trocken ist, fest wie Zement. Du rechst und rechst, und die Klumpen wollen nicht auseinanderfallen. Da mußt du einfach warten, bis es ein bißchen geregnet hat und die Erdschollen ein wenig aufgeweicht sind, dann geht's leichter.

● Besteht der Gartenboden aus leichter Erde mit viel Sand darin, ist das Zerkrümeln eine Kleinigkeit. Gleich nach dem nächsten Regen kann die Erde feinkrümelig gerecht werden. Du mußt sogar aufpassen, daß du sie nicht allzu glatt rechst, sie könnte nämlich zu sehr austrocknen. In sandiger Erde wächst das Gemüse früher heran, weil sie sich schneller als schwere Erde erwärmt. Aber weil sandige Erde schnell austrocknet, muß sie besonders gut ernährt werden.

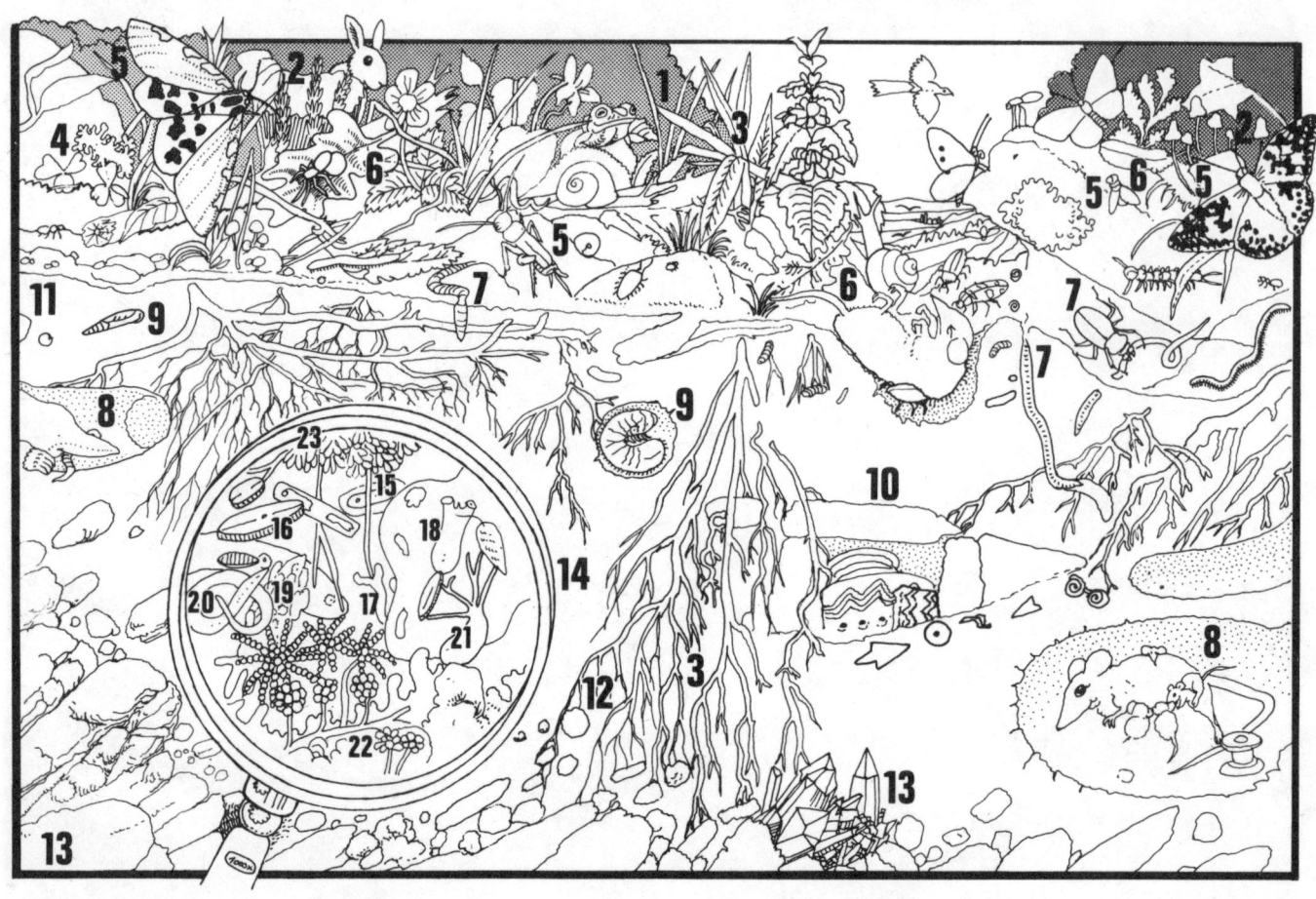

1. Gräser ernähren sich aus der Erdoberschicht.
2. Pilze zersetzen organische Stoffe.
3. Schwarzwurz zieht durch die langen Wurzeln Nahrung aus dem Unterboden.
4. Klee bildet Stickstoff in Wurzelknöllchen.
5. Insekten befruchten Blüten, zersetzen organische Stoffe und durchlüften durch ihre Gänge oder als Larven den Erdboden, so daß das Kohlendioxid entweichen kann, das von anderen Bodenorganismen produziert wird.
6. Abgestorbenes Material, Federn, Knochen, Blätter etc. verwesen, werden durch Würmer, Larven, Pilze und Algen weiter abgebaut und so wieder zu Nährstoff für den Lebenskreislauf.

7. Würmer und Käfer ziehen organische Stoffe unter die Erdoberfläche, düngen praktisch die Erde und lockern den Boden, so daß sich Pflanzenwurzeln tief und weiträumig ausbreiten können und Sauerstoff, Stickstoff und Regenwasser besser einsickern können.
8. Grabende Tiere lockern ebenfalls den Boden und sorgen durch ihre Tunnel und Gänge für eine gute Durchlüftung. Sie fressen Larven, Insekten und Kleinsäuger oder aber Pflanzen, Getreide, Nüsse.
9. Insektenlarven und Puppen dient die Erde als Aufenthalts-, Eß- und Schutzraum. Sie bergen sich tief, damit ihnen Frost und Kälte im Winter nichts anhaben können.

Alle Lebewesen, Spinnen, Raubinsekten, Frösche, Kröten, Vögel und Säugetiere leben, wenn der Mensch nicht eingreift, in einem gesunden Gleichgewicht miteinander, so daß jedes Tier seinen Platz und seine ausreichende Nahrung findet.

10. Bei Spaziergängen an gepflügten Feldern oder in Maulwurfshügeln findet man, wenn man Glück hat, Funde aus vergangenen Zeiten, die in der Erde Tausende von Jahren überdauert haben.

11. Erdoberschicht versorgt die Pflanzen mit Nährstoffen, die aus verwesenden Stoffen bzw. Humus gebildet werden.

12. Unterboden versorgt die Pflanzen mit Mineralien, die entweder aus zerkleinertem Gestein stammen oder mit Regenwasser eingeschwemmt wurden.

13. Gestein ist das Grundmaterial, aus dem jeder Boden, durch Einflüsse von Hitze und Frost, Wasser und Eis, Wind und Wellen, entstanden ist. Schöne Kristalle liegen natürlich nicht einfach so herum, aber der weiße Quarzsand am Meer entstand vor Jahrmillionen aus ähnlichen Formen. Mineralische Hauptbestandteile des Ackerbodens: Glimmerkristalle, Olivinkristalle, Feldspatkristalle, Quarzkristalle.

14. Die Lupe hier ist natürlich ein Witz, sie steht symbolisch für eine ganz starke Vergrößerung, die in Wirklichkeit nur mit einem guten Mikroskop erreicht werden kann. (Die Lebewesen sind nicht maßstabgetreu abgebildet.)

15. Erdalgen.

16. Erdkieselalgen.

17. Fäden eines Bodenpilzes.

18. Rädertierchen in einem Wassertropfen.

19. Ein Wurzelfüßler, der ein Gehäuse aus Glimmerplättchen, Quarzkörnchen und Kieselalgenschalen hat.

20. Fadenwurm (Nematode).

21. Erdwurzelfüßler, der sich eine vorbeischwimmende Schiffchenalge fängt.

22. Verwesungspilze des Waldbodens.

23. Pilzwurzel.

Ebenso wie oben auf der Erde ist unter der Erde der Kreislauf von Leben und Vergehen und zwischen Nahrungsaufnahme und -abgabe wie ein höchst kompliziertes Räderwerk eingespielt. Kein Lebewesen lebt für sich allein, sondern alles hängt in einem großen Puzzlespiel zusammen und bezieht sich aufeinander.

Bodenernährung

Pflanzen brauchen etwas zu essen. Wer auf demselben Platz immer wieder Gemüse heranzieht, ohne der Erde etwas zurückzugeben, erntet allmählich immer weniger, bis kaum noch etwas zu ernten ist. Man muß der Erde also etwas zurückgeben. Aber was?

Die Pflanze verzehrt Nährsalze. Die wichtigsten Nährsalze heißen: Stickstoff, Phosphorsäure und Kali. Die meisten Pflanzen brauchen auch noch Kalk. Viele Leute behaupten, wenn man jedes Jahr Chemiedünger kauft und auf sein Gemüseland bringt, kriegt man jedes Jahr Riesenernten.

Überlege dir das gut und glaube ihnen nicht gleich. Chemiedünger können deinem Gartenland schwer schaden. Ihre gute Wirkung auf die Erde dauert nicht lange. (Kalk ist in gewissen Fällen eine Ausnahme.) Du fütterst zwar damit die Pflanzen bis zur Ernte, aber im nächsten Jahr sind diese Dünger schon wieder ausgewaschen und vom Regenwasser fortgespült. Du fütterst mit diesen Düngern nämlich nur *das Gemüse* und nicht *die Erde,* worauf es ankommen würde. Chemiedünger haben noch eine böse Eigenschaft: Sie bringen alles Leben im Boden um, wenn man sie ständig und in großen Mengen anwendet.

Gute Erde ist voller Lebewesen. Leider kann man die meisten mit bloßem Auge nicht sehen, sonst wären viele »Chemiegärtner« vernünftiger. In der oberen Erdschicht wimmelt es von Millionen von Bakterien, Algen, Pilzen, Käfern, Würmern und unzähligen Tierchen aller Arten. Sie halten den Erdboden gesund und passen auf, daß nichts die Übermacht gewinnt. So sorgen sie für Gesundheit und Kraft der Erde. Diese wertvolle obere Erdschicht heißt »*Mutterboden*«. Sie soll immer locker und luftig sein und nicht festgetreten werden, damit die Tierchen darin ständig genug Luft haben und nicht ersticken müssen.

Unter diesen Lebewesen gibt es viele Arten *stickstoffbindender Bakterien.* Sie holen Stickstoff aus der Luft und arbeiten ihn in Nitratsalze um, die von der Pflanze verzehrt werden können. Wenn die Erde jedoch mit chemischem Stickstoff überfüttert wird, sterben diese Bakterien. Sie können dir den Stickstoff aus der Luft nicht mehr kostenlos liefern, und du mußt ihn weiter für teures Geld im Laden kaufen. Die Erde kann

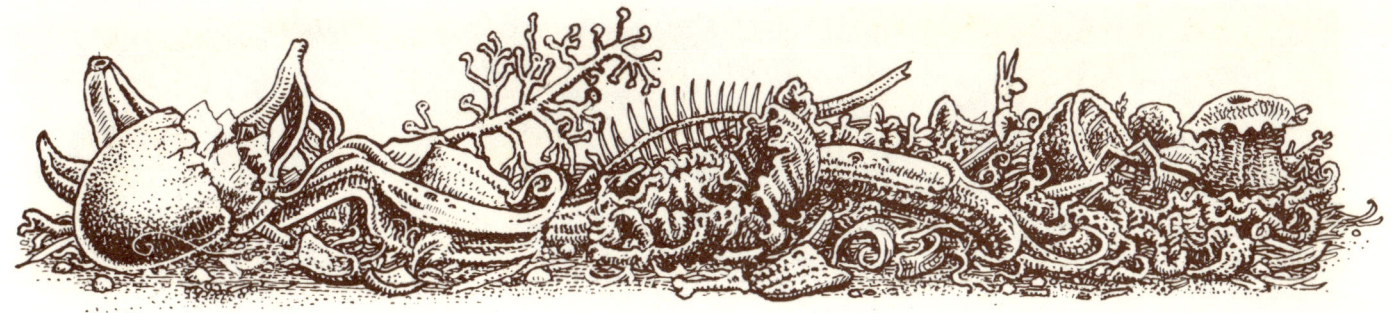

sich auch zu sehr an den gekauften Stickstoff gewöhnen – bis sie eines Tages nicht mehr ohne ihn auskommt. Chemischer Stickstoff ist sehr teuer. Du willst aber deine Gemüse ohne viele Kosten heranziehen, nicht wahr? Das geht aber nicht, wenn du zuviel Geld für Chemiedünger ausgibst. Wenn dir jemand erzählen will, daß du ohne Chemiedünger nicht anständig ernten könntest, sag ihm, er solle sich mal meinen Garten anschauen. Ich komme seit über zwanzig Jahren ohne Chemiedünger aus, und meine Gemüseernten sind Spitze.

Und was nimmst du statt der Chemiedünger zur Ernährung deiner Gartenerde? Du nimmst alles *Organische*. Organisch ist alles, was lebt oder was gelebt hat. Du weißt ja schon, daß das Chlorophyll in der Pflanze tote Masse in lebende Masse umarbeitet oder daß zum Beispiel Kühe lebende Masse in eine andere lebende Masse umwandeln, indem sie grüne Pflanzen fressen und dabei groß und rund werden.

Alles, was einmal gelebt hat, ist gut für deine Gartenerde. Auch die Unkräuter, die wir untergegraben haben; denn auch sie sind Pflanzenfutter. Sie werden von Millionen Bakterien aufgegessen. (Wir sagen dann: Sie sind »verrottet«.) Wenn die Bakterien sterben ernähren sie mit ihren Überresten die Pflanzen.

Ein besonders gutes Pflanzenfutter ist auch der Dung von Tieren, besonders der Kuhmist.

Der kluge Gemüsegärtner hat einen Eimer in der Küche stehen, in dem alles gesammelt wird, was einmal gelebt hat, sei es nun von Tier oder Pflanze: Federn, Eierschalen, Kaffeesatz, Teeblätter, Bananenschalen, Holzasche. Alles, was »verrottet«, kann hinein. Der Eimer muß jeden Tag auf dem Komposthaufen ausgeleert werden. Vielleicht hat euer Gemüsehändler hin und wieder mal ein paar Gemüseabfälle für dich, verdorbenes Obst, Gemüseblätter und dergleichen? Bring es auf deinen Komposthaufen. Abgefallenes Laub, Brennesseln, verblühte Blumen, gemähtes Gras: auf den Komposthaufen, damit er immer besser wird.

Im nächsten Kapitel wird ausführlich erklärt, was es auf sich hat mit den Bakterien, die für das Verrotten von pflanzlichem Gewebe sorgen und wie sie ihre Aufgabe erfüllen. Überhaupt ist der Komposthaufen die Seele des Gartens.

Der Komposthaufen

Denk nur nicht, ein Komposthaufen sei ein Abfallhaufen. Das Wort kommt vom lateinischen »compositus«, das heißt »zusammengesetzt«. Je bunter der Komposthaufen zusammengesetzt ist, desto besser schmeckt er der Gartenerde. Und eines ist ganz wichtig: Der Komposthaufen braucht Luft, um richtig durchzurotten. Es genügt deshalb nicht, zum Beispiel eine Ladung Grasschnitt einfach darauf auszukippen. Sie würde sich schnell in eine stinkende, glitschige Sauce verwandeln. Das gemähte Gras muß mit anderen weniger dichten Pflanzenteilen vermischt werden. Nur dann kann die Luft gut heran. Aber keine zu holzigen Pflanzenteile auf den Komposthaufen bringen, sie verrotten zu langsam.

Bevor du den Komposthaufen anlegst, solltest du unten eine Schicht Zweige ausbreiten. Dann kann die Luft auch von unten heran. Es ist gut, wenn man »Wände« um seinen Komposthaufen baut, sonst fällt er immer wieder auseinander. Diese Wände werden am besten aus Holzplanken angefertigt. Die Bretter werden im Abstand von ungefähr 3 cm übereinander geschichtet. Auch hier soll die Luft durch die Lücken streichen können.

Die Bakterien brauchen viel Stickstoff, damit sie die grünen Pflanzenteile abbauen können. Sie können sich den Stickstoff aus der Luft holen, aber dann dauert das Verrotten ein paar Monate. Die Bakterien arbeiten schneller und besser,

wenn man dem Komposthaufen etwas Stickstoff zufügt. Jeder Mist von Tieren enthält Stickstoff. Vielleicht habt ihr Kaninchen, Hühner oder Schafe? Oder ein Pony? Mist von diesen Tieren wäre prima für deinen Komposthaufen. Wer sich keinen Stallmist beschaffen kann, muß sich ein bißchen Dünger kaufen. Es sollte aber unbedingt organischer Dünger mit hohem Stickstoffanteil sein: Hühnermist, Pferdemist, Kuhmist, Blutmehl, Fischmehl oder Hornspäne. Jeder organische Dünger mit viel Stickstoff darin ist gut geeignet.

Nun kann's losgehen. Zuerst kommt eine Schicht von 30 bis 40 cm Pflanzenabfällen auf die ausgebreiteten Zweige am Grunde des Komposthaufens. Darüber wird eine dünne Schicht Mist gestreut oder, noch dünner, etwas Blutmehl, Fischmehl oder Hornspäne. Nun kommt wieder eine Schicht Grünzeug, dann wieder eine dünne Schicht Mist oder anderer organischer Dünger. Und so geht es weiter.

Ein Komposthaufen ist wie ein Feuer. Er brennt. Aber er verbrennt sehr langsam. Er wird ganz schön heiß, manchmal kann man kaum die Hand hineinhalten. Das »Verbrennen« wird durch die Bakterien verursacht, indem sie die Grünmasse mit Hilfe von Sauerstoff verzehren – genau wie ein Feuer. Wenn der Komposthaufen auf diese Weise »verbrannt« ist, soll er umgesetzt werden. Er ist dann nicht mehr grün, sondern braun und halbverrottet. Man legt nun einen neuen Haufen an. Was auf dem alten Haufen oben war, wird nach unten geschaufelt, was

innen war, kommt nach außen, was unten war, nach oben. So kommt Luft hinein, und er »brennt« noch einmal. Nach drei bis vier Mona-

Der ideale Komposthaufen

a) *unterste Schicht Reisig*
b) *Pflanzen- und Küchenabfälle*
c) *Mist*
d) *Fischmehl oder Hornspäne (oder andere Stickstoffdünger)*
b) *Pflanzen- und Küchenabfälle*
c) *Mist*

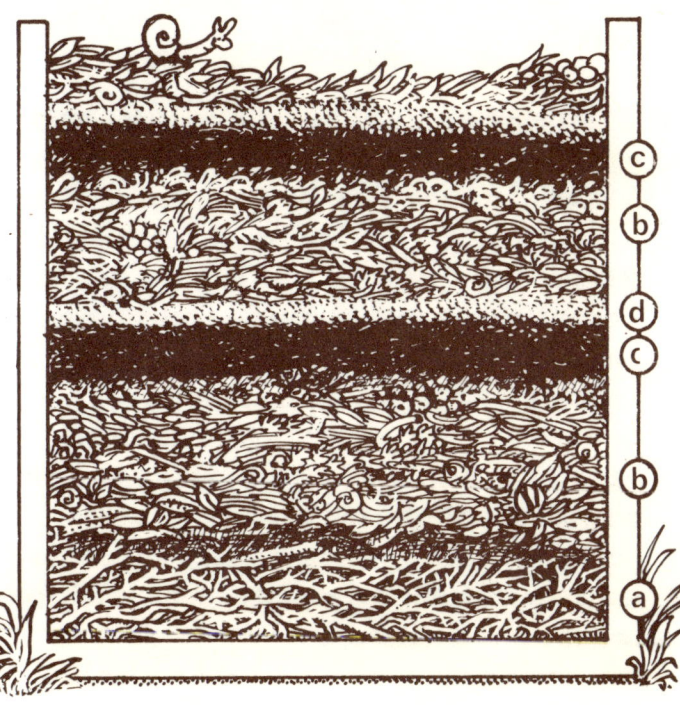

ten hast du eine wunderschöne Komposterde, sie ist krümelig, mürbe, schokoladenbraun und duftend – so kann sie aufs Gartenland gebracht und untergegraben werden.

Man kann die Komposterde einfach auf das Gartenland verteilen und es den Regenwürmern überlassen, sie nach unten zu ziehen. Ich bin mehr dafür, die Komposterde unterzugraben. Dann müssen sich die Pflanzenwurzeln tief nach unten strecken, um an sie heranzukommen.

Kalk

Im Chemieunterricht hast du vielleicht schon einmal gehört, daß etwas »basisch« oder »sauer« reagiert. Ob eine Erde basisch oder sauer ist, kann man mit Lackmuspapier aus der Apotheke testen. Man rührt einen Brei aus der Erde und Regenwasser an und taucht das Lackmuspapier hinein. Ist die Erde sauer, färbt sich das Lackmuspapier rot, ist sie basisch, färbt es sich blau. In den Gartenfachgeschäften kann man auch einen »Kalkanzeiger« (kostet um DM 10,–) kaufen und damit prüfen, ob man einen basischen, einen sauren oder einen neutralen Gartenboden hat. Eine Erde, die weder sauer noch basisch ist, nennt man »neutral«.

In ganz saurer Erde (ihr fehlt Kalk) wächst kaum etwas. In weniger saurer Erde wachsen zwar bestimmte Pflanzenarten, andere fühlen sich in ihr überhaupt nicht wohl. In stark basischer Erde (sie enthält sehr viel Kalk) wachsen ebenfalls nur bestimmte Pflanzenarten. Ist eine Erde aber neutral, wächst praktisch alles in ihr. Daß eine Erde zu basisch ist, kommt kaum vor. Sollte deine Erde dennoch zu basisch (also zu kalkreich) sein, kannst du sie mit Komposterde neutralisieren. Wenn der Boden zu sauer ist, kann er mit Kalk kuriert werden. Kalk bindet die Säuren im Boden und macht ihn milde. Kalk gibt es als Branntkalk, als Kalkmergel und als geperlten Gartenkalk zu kaufen. Am besten zu gebrauchen ist der geperlte Gartenkalk, er läßt sich leicht und gleichmäßig streuen.

Erbsen und Bohnen sind auf einen basischen Boden geradezu versessen, auch die Kohlgemüse haben Hunger auf Kalk. Wer diese Gemüse anbauen will, sollte ein paar Wochen vor dem Säen oder Pflanzen dünn und leicht etwas Kalk auf die Beete streuen. Wer aber Sellerie oder Kartoffeln anbauen will, kann die Extrazugabe an Kalk sparen, diese Pflanzen mögen keinen Kalk. Wenn dein Boden nicht sauer ist, brauchst du sowieso keinen Kalk zu streuen. Wer ganz genau über die Beschaffenheit seiner Gartenerde Bescheid wissen will, kann sich einen »Bodentester« (für ca. DM 20,–) kaufen und damit feststellen, wie hoch der Stickstoff-, Phosphorsäure-, Kali- und Kalkgehalt seines Bodens ist. Der Kalk-Wert heißt »*pH-Wert*«.

War das alles sehr schwer? Laß dich nur nicht entmutigen. Wenn du in deinem ersten oder zweiten Gärtnerjahr noch keine Lust hast, dich

mit einem Komposthaufen oder dem verschieden hohen Kalkbedürfnis deiner Pflanzen zu beschäftigen, pflanzt du erst mal, ohne dich um all diese Dinge zu kümmern. Du wirst auch so etwas ernten, und vielleicht nicht wenig. Sei also unbesorgt. Die Gärtnerei soll dir vor allen Dingen Spaß machen und dich nicht unnötig belasten.

Die Jahreszeiten

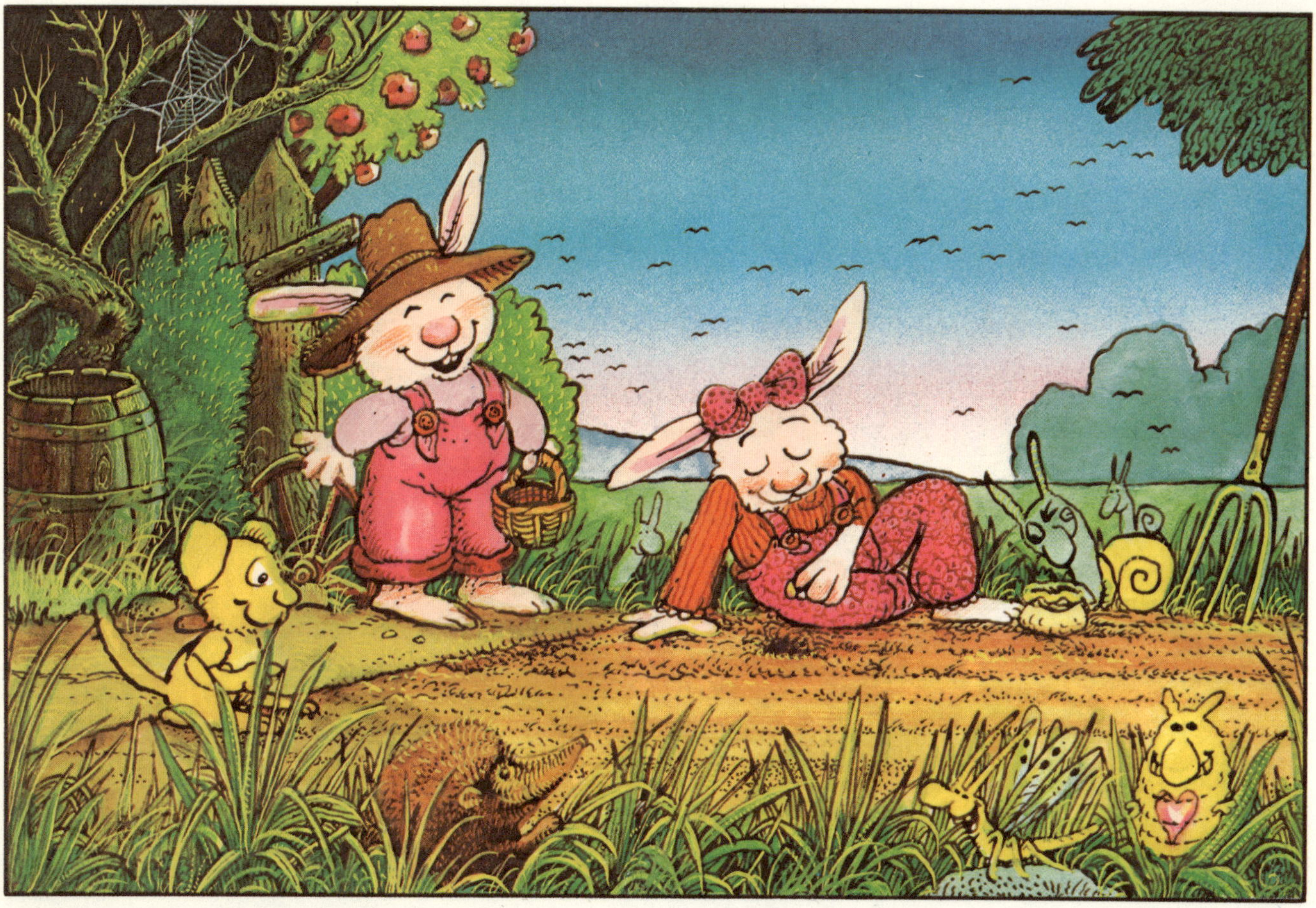

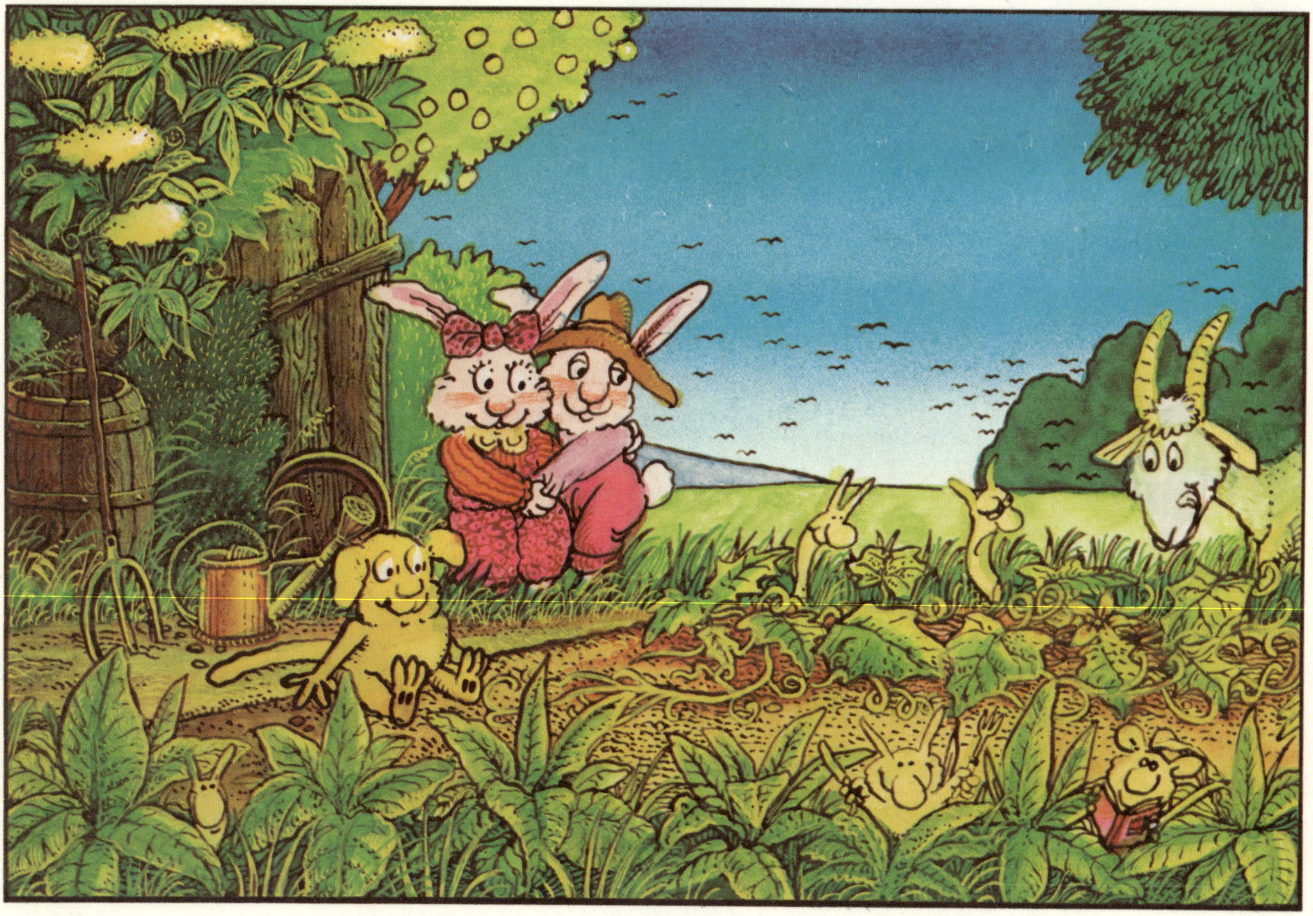

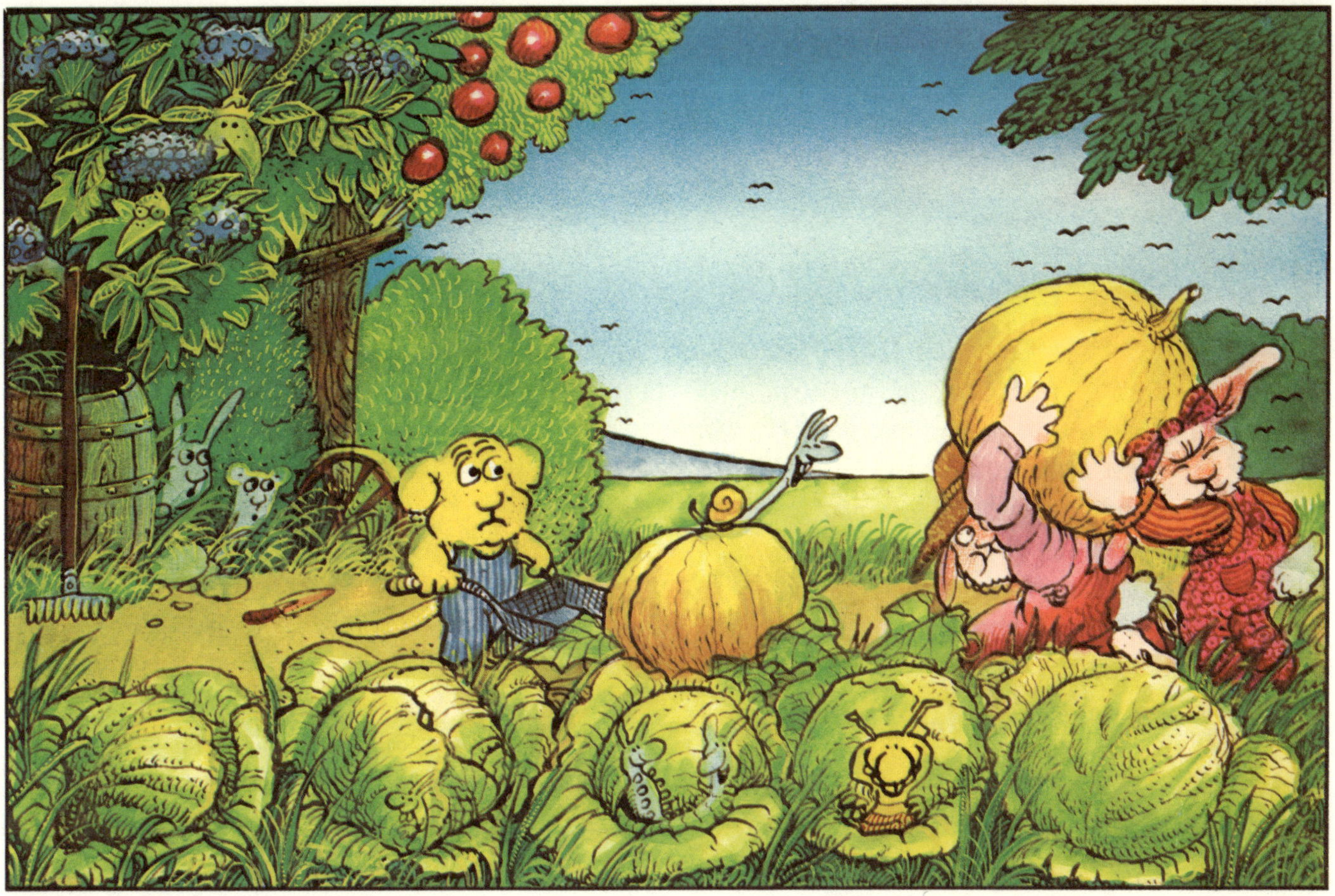

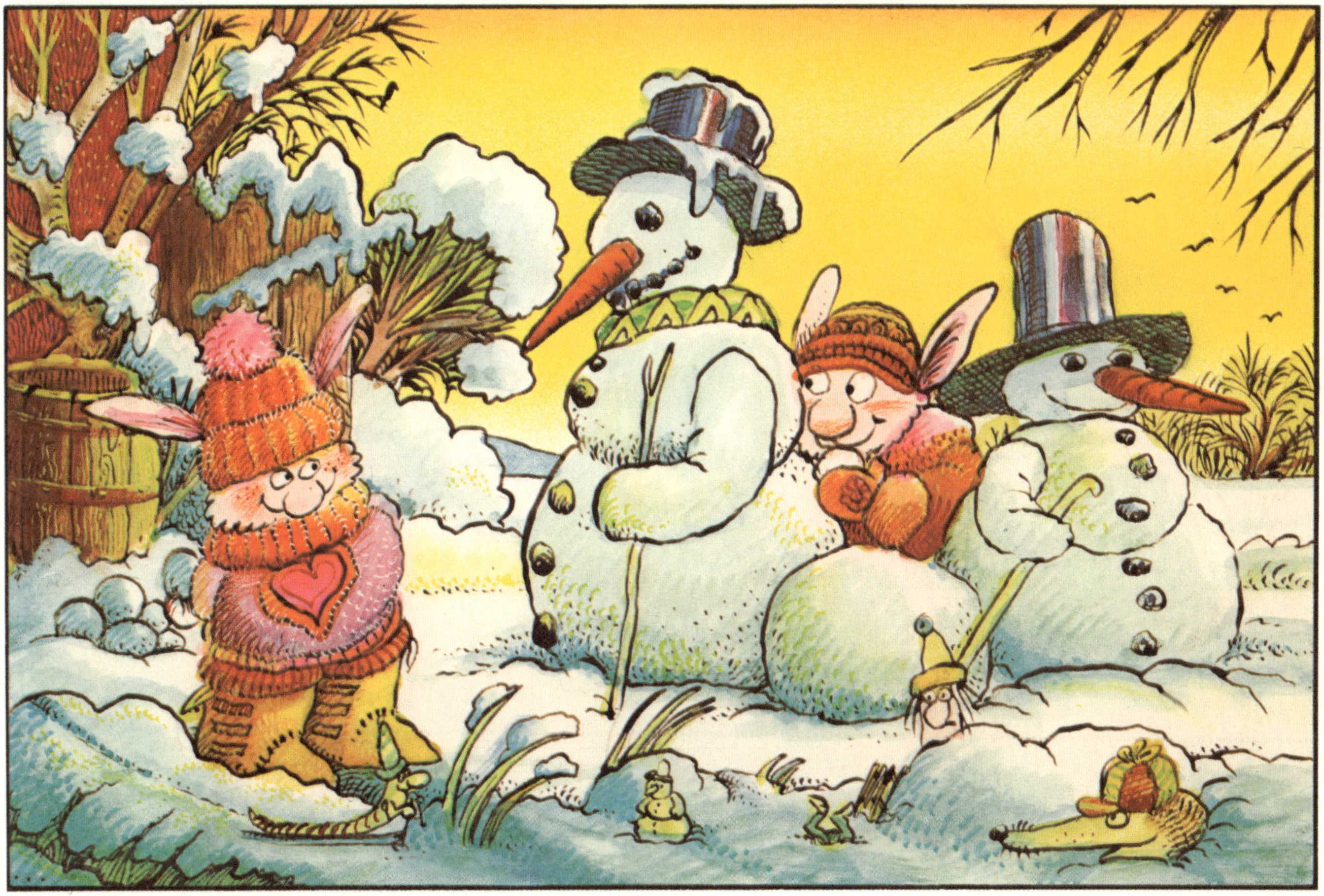

Das Schöne am Gärtnern ist, daß man sich das ganze Jahr lang sein Gemüse aus dem Garten statt aus der Tiefkühltruhe holen kann. Wenn du in einer kalten Gegend wohnst, hast du es natürlich nicht so leicht wie jemand, der in einem wärmeren Gebiet wohnt.

Jeder Gärtner, groß oder klein, wartet auf den Frühling; bevor er selbst etwas tun kann, bereitet die Natur das Frühjahr vor.

»Es wächst viel Brot in der Winternacht,
Weil unter dem Schnee frisch grünet die Saat,
Erst wenn im Lenze die Sonne lacht,
Spürst du, was Gutes der Winter tat. –
Und deucht die Welt dir öd und leer,
Und sind die Tage dir rauh und schwer:
Sei still und habe des Wandels acht:
Es wächst viel Brot in der Winternacht.«

Friedrich Wilhelm Weber

Frühling

Im Frühling ist jeder richtige Gärtner von Herzen glücklich. Endlich kann er säen und pflanzen und zuschauen, wie alles treibt und wächst. Nach der langen Winterruhe ist die ganze Welt mit Hoffnung und Freude erfüllt und wie neu belebt.

Man kann schon ganz früh im Jahr Saatzwiebeln, Möhren (Mohrrüben, Karotten oder Gelbe Rüben) säen und Steckzwiebeln oder die feineren Schalotten pflanzen. Wer im vorigen Jahr Porree angebaut hat, kann ihn immer noch ernten, und wenn du auch noch Kohl, Kartoffeln und Zwiebeln aus dem Vorjahr hast, kannst du deine ganze Familie auch im frühen Frühjahr aus eigenen Vorräten versorgen.

Im März und April wird das Säen richtig zur Arbeit. Du mußt jetzt Erbsen legen, vielleicht willst du deine eigenen Kohlpflanzen heranziehen (ist nicht ganz leicht). Dann mußt du jetzt die Kohlsaaten säen. Außerdem kannst du Salat, Petersilie, Radieschen und Rettiche, noch einmal Möhren, Rote Beete, Saatzwiebeln, Puffbohnen (heißen auch Dicke Bohnen) ins freie Land säen. Um Ostern kannst du auch deine ersten Kartoffeln pflanzen.

Der Mai ist der Monat fürs Bohnenlegen, also für Busch- und Stangenbohnen. Jetzt werden auch die Gurken gesät; wenn es sehr warm ist, ins Freie, wenn es nicht so warm ist, in eine Kiste unter einer Glasscheibe oder einer Plastikfolie.

Frühsommer

Im Juni kannst du dir endlich eine Pause vom Aussäen gönnen, aber du wirst jetzt eine Menge Arbeit mit dem Auspflanzen der Setzlinge haben.

Will man unbedingt immer noch etwas aussäen, kann man *Folgesaaten* ausbringen. Es wird dasselbe gesät, was im Frühjahr gesät wurde, und so bekommt man zum Beispiel noch einmal frische Radieschen, zarten Salat und leckere Böhnchen.

Die vorgezogenen Kohlpflanzen müssen schleunigst ins freie Land gepflanzt werden, sonst wird nichts mehr aus ihnen.

Und was kannst du im Juni ernten? Wenn du Glück hast, die ersten Kartoffeln. Auf jeden Fall aber Puffbohnen, frühe Erbsen, Salat und Kräuter.

Eins muß jetzt sein: das Hacken. Das Hacken und das Unkrautjäten. Tust du es nicht, hat das Unkraut im Kampf ums Überleben gegen das Gemüse leichtes Spiel.

Im Juli gibt es eine Überfülle zu ernten und zu essen. Busch- und Stangenbohnen müssen gepflückt werden und die letzten Puffbohnen auch. Du müßtest nun ganz bestimmt Frühkartoffeln ernten können und wundervolle Erbsen; diese sind nicht zu vergleichen mit dem getrockneten und künstlich grüngefärbten Zeug in Dosen, auch nicht mit teuren tiefgefrorenen Erbsen. Deine frisch gepflückten und frisch verbrauchten Erbsen sind von einmaliger Qualität.

Spätsommer

Könner oder Leute mit Spaß am Experimentieren säen im August Frühlingszwiebeln und Winterkohl. Die Pflänzchen müssen über den Winter durch eine Reisigdecke geschützt werden. Wenn es glückt, wachsen die Pflanzen nach dem Winterschlaf im Frühling schnell und gut und sind gerade dann erntereif, wenn man nicht viel anderes Gemüse hat. Sonst ist im August nicht mehr viel zu säen oder auszupflanzen. Der August ist ein großer Erntemonat. Unsere Hauptarbeit ist jetzt das Unkrauthacken und das Aufessen, zum Beispiel *Stangenbohnen*, Artischocken und viele verschiedene Salate.

Jetzt haben wir so viel Grünes im Garten, daß wir noch eine Menge verschenken können. Es gibt Stangenbohnen, Artischocken und Salat, Salat, Salat. Und schon seit Juli gibt es Kirschen, Johannisbeeren, Stachelbeeren, Himbeeren und später Brombeeren.

Hier kann man sehen, wie ein Zwiebelzopf geflochten wird

Herbst

Der Herbst ist die reichste Erntezeit für deine Gemüse. Jetzt werden auch die Eichhörnchenvorräte für den Winter angelegt. Bohnen werden in Salz eingelegt, Zwiebeln in *Zöpfe geflochten* und draußen an geschützter Stelle luftig und trocken aufgehängt. Wurzelgemüse und vor allen Dingen Kartoffeln werden eingelagert.

Der Winter

In den wärmeren Gebieten, zum Beispiel am Bodensee, an Main und Rhein, kann man den ganzen Winter bis zum Frühling Rosenkohl, Grün-

kohl und Feldsalat vom Beet ernten und Sellerie bis wenigstens Weihnachten. Die Zwiebeln läßt der Gärtner draußen hängen, die Kartoffeln lagert er in der Erde. Seine Möhren können solange in der Erde bleiben, bis sie in der Küche gebraucht werden. Aber auch in den kälteren Gebieten, zum Beispiel in Niederbayern oder Schleswig-Holstein, wächst reichlich Gemüse, und was auch passiert, ein guter Gärtner ist noch nie verhungert.

Im Winter hast du auch Zeit, interessante Gartenbücher zu lesen und Samenkataloge zu studieren und dir die Abbildungen mit dem prächtigen Gemüse anzusehen. Mit der Wahrheit haben diese Bilder meistens nichts zu tun.

Du kannst dir jetzt auch in Ruhe ein paar Experimente für das neue Gartenjahr ausdenken. Am Gärtnern macht ja besonders viel Spaß, daß man sich immer wieder etwas Neues ausdenken kann.

Der Anbau von Gemüse und Kräutern

Gartenkresse und Senf

Jeder kann sich die gesunde und pikante Gartenkresse ziehen. Such dir eine kleine Kiste oder Schachtel, fülle sie mit feinkrümeliger Erde und feuchte alles gut an.
Dann streust du den Kressesamen darauf und deckst ein Zeitungsblatt über diesen Saatkasten.

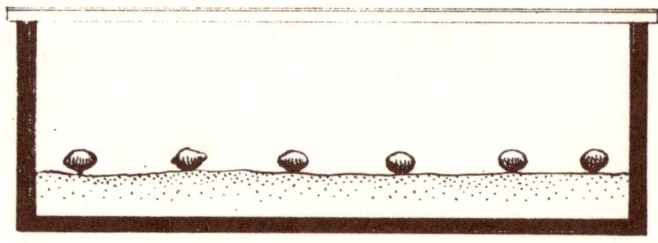

Nach vier Tagen kann man ein paar Körner Senfsamen dazu säen. Senf keimt noch schneller als Kresse und schmeckt zusammen mit der Kresse sehr gut. Sobald die Kresse keimt, muß sie ans Licht. Und sie muß immer feucht gehalten werden.
Nach ein paar Tagen kannst du sie mit der Schere ernten und am besten gleich auf einem Butterbrot aufessen.
Kresse kann man den ganzen Winter über am Fenster ziehen.

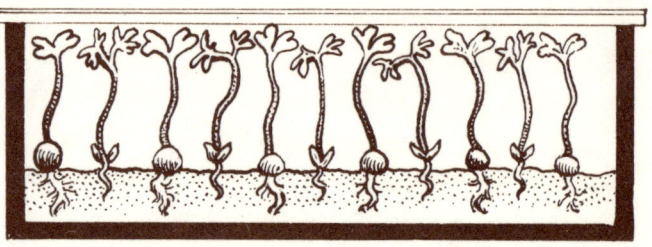

Rettiche

sind die dicken Verwandten der Radieschen. Sie schmecken nicht nur den durstigen Biertrinkern besonders gut, sie haben auch selbst immer großen Durst. Es gibt weiße, rote und schwarze Rettiche. Weil sie dicker werden als Radieschen, müssen sie noch dünner ausgesät werden. Wenn du sie zu dicht gesät hast, ziehst du die überschüssigen Pflänzchen aus und pflanzt sie woanders wieder ein.

Radieschen

Die runden Radieschensamenkörner werden im Abstand von 4 cm (je nach der späteren Radieschengröße) Mitte März bis Ende April in flache Rillen gelegt. Das Beet soll schön glattgeharkt sein. Nach dem Säen die Körner ein bißchen festklopfen. Nach sechs Wochen kannst du ernten. So einfach ist das.

Im Sommer kannst du sie überall, wo noch ein freies Plätzchen in deinem Garten ist, aussäen. Radieschen haben immer großen Durst, du mußt sie also gießen, wenn es lange nicht geregnet hat, sonst werden sie hart und pelzig. Nach dem Aufgehen der Saat ist der Radieschendurst besonders groß.

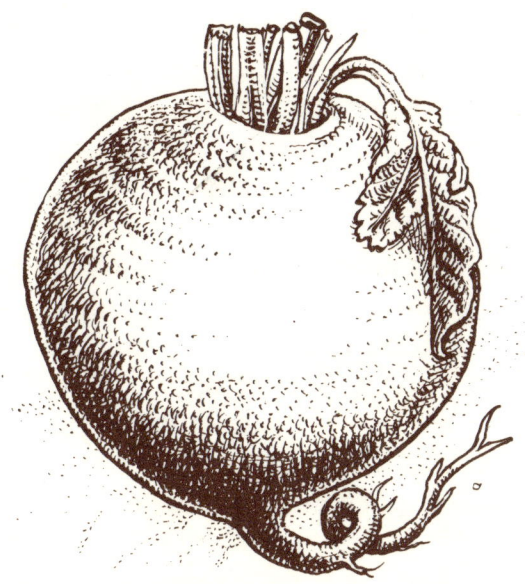

● Dicke Rettiche schmecken nicht mehr so zart, deshalb werden die Rettiche geerntet, wenn sie mittelgroß sind.

● Wenn du sie auf einem Tiefkulturbeet (s. das Kapitel am Schluß des Buches) ziehst, kannst du sie auch breitwürfig aussäen und brauchst dir die Mühe mit der Aussaat in Reihen nicht zu machen.

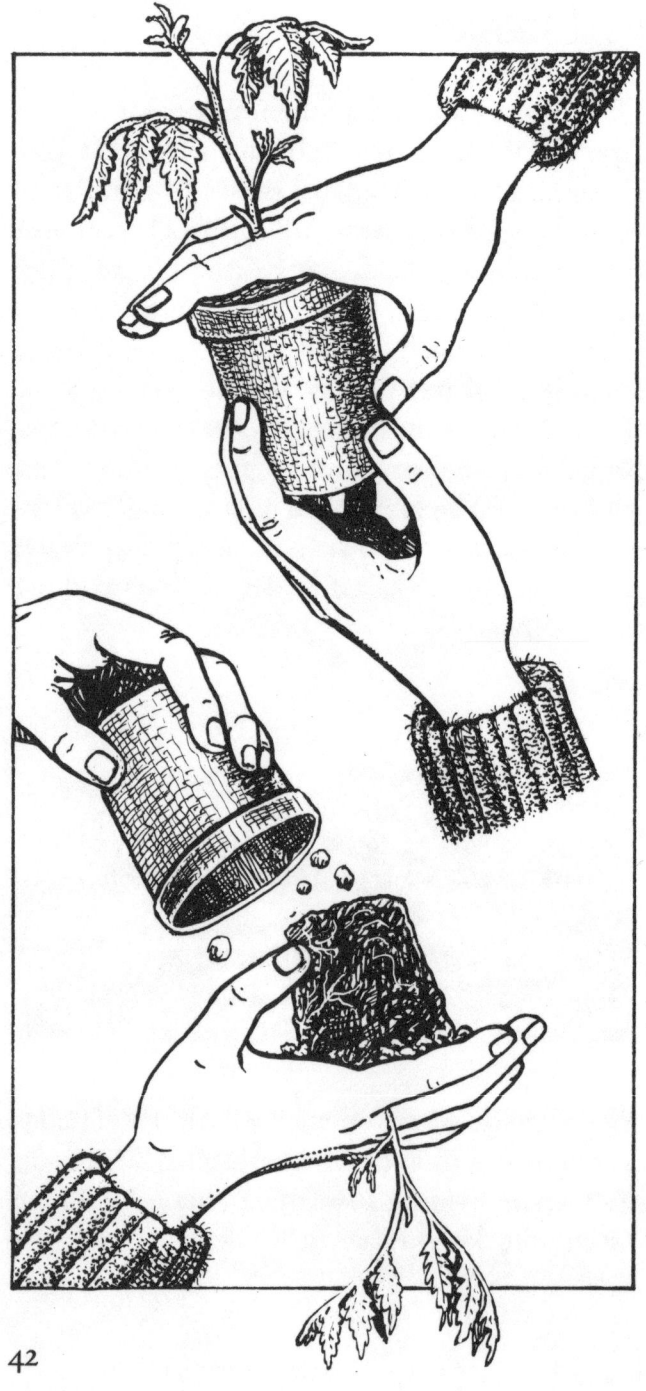

Das Austopfen von Jungpflanzen

Tomaten

sollte man nur in ganz milden Gegenden selbst
aussäen. Bis die Pflänzchen erstarkt sind und
ausgepflanzt werden können, ist sonst oft der
halbe Sommer vorbei. Du kaufst dir deshalb besser auf dem Wochenmarkt oder bei einem Gärtner vorgezogene (vorkultivierte) Pflanzen, die
du ab Mitte Mai bestimmt dort bekommst.
Tomaten haben gern feuchte Füße. Und sie sind
gefräßig. Schöner Kompost im Pflanzloch ist
ihnen ein rechter Schmackofatz. Wenn sie an
der Südwand eures Hauses wachsen dürfen,
müßte dir eine prachtvolle Ernte sicher sein.
Der Gärtner liefert die Tomatenpflanzen meist
in Plastiktöpfen. Dreh den Topf vorsichtig um,
so daß die Pflanze nicht abbricht. Halte deine
Handfläche über die Öffnung des Topfes, damit
die Erde nicht rausfällt. Nun klopfst du mit der
Pflanzkelle ein paarmal leicht von allen Seiten
gegen den Topf, dann hast du die Tomaten-
pflanze mit ihrem Wurzelballen in der Hand.
Nun setzt du sie vorsichtig in das vorbereitete
Pflanzloch. Ist das Pflanzloch zu groß geraten,
füllst du die Lücken mit Erde oder Kompost auf.
Jetzt die Pflanze rundum leicht mit den Füßen
festtreten, damit sich die Wurzeln gleich an die
Erde anschließen! Dann wird gut angegossen.
Steck einen dickeren Bambusstock oder einen

Tomatenpfahl aus starkem gewelltem Draht oder einfach einen festen Stock neben die Tomate, aber ohne ihr den Wurzelballen zu durchstechen. Wenn die Pflanze größer geworden ist und Früchte trägt, wird sie an den Stock angebunden, damit sie nicht umfällt oder abbricht. Tomaten sind Freßsäcke. Solche Pflanzen nennt man *Starkzehrer*. Und sie wollen immer gut gewässert sein. Aber nur die Wurzeln gießen, nicht die ganze Pflanze. Man kann auch etwas Stallmist in das Gießwasser tun, das Ganze etwas stehenlassen und dann mit diesem Dungwasser gießen. Beim Wachsen bildet die Tomate Seitentriebe. Knick sie aus. Sie kosten nur Kraft. Wenn die Pflanze *vier* Blütentrauben gebildet hat, solltest du ihre obere Spitze ausbrechen, damit sie nicht zu hoch wächst. Hat sie also mehr als vier Blütentrauben, weg mit den anderen. Sie schafft es nämlich doch nicht, mehr Blütentrauben auszureifen.

☀ Wenn deine Tomaten im September noch grün sind, breite eine Lage Stroh unter den Pflanzen aus. Schneide die Pflanzen von den Stöcken los und lege sie auf das Stroh. Decke sie mit Plastikfolie ab. So werden auch die grünen Tomaten noch schön rot.

Das Einsetzen von Jungpflanzen

Auch wer keinen Garten oder ein Gewächshaus hat, kann Tomaten ziehen. Man nimmt dazu einen größeren Plastiksack und füllt ihn mit guter Erde oder Kompost. Der Sack wird an die Wand des Balkons oder der Terrasse gestellt, und die Tomaten werden in den Sack genauso wie in ein Beet gepflanzt.

Das Entfernen unnützer Triebe

Tomaten lassen sich ganz gut lagern. Jede grüne Tomate wird in weiches Papier gewickelt und an einem kühlen dunklen Platz, zum Beispiel in einer Schublade, aufbewahrt. Nach einiger Zeit färben sich die Tomaten rot und können gegessen werden. Tomaten können auch im Haus gezogen werden, in Kisten, Körben, Eimern mit einem Loch im Boden oder in runden Fässern – wenn man diese Gefäße ans Fenster stellt. Vergiß nicht, den Hunger und Durst deiner Tomaten mit Dunggüssen zu stillen. Die Erde soll sich immer feucht anfühlen, darf aber auch nicht zu naß sein, sonst faulen die Wurzeln.

mußt du ausdünnen, und das mehrmals. Alle 30 cm bleibt eine Pflanze stehen. Aus diesen Pflanzen entwickeln sich die Salatköpfe – wenn die Schnecken sie bis dahin nicht verspeist haben.

● Das einzige, was der Gärtner, der die Schnecken nicht mit Chemikalien umbringen will, dagegen tun kann, ist: morgens und abends Schnecken ablesen und auf einer Wiese aussetzen. Die ausgezogenen Pflanzen können überall im Garten wieder eingesetzt werden. Sie wachsen fröhlich weiter, wenn sie so hoch gepflanzt werden, daß sie fast umkippen, und wenn die Wurzeln im Pflanzloch gut eingeschlämmt werden.

Salat

Der Anbau von Salat ist leicht. Salat braucht viel Wasser für seine vielen Blätter und eine gute, nahrhafte Erde. Schatten macht ihm nicht viel aus. Am liebsten hat Salat eine Erde, die schon im Vorjahr kräftig gedüngt wurde. Eine Menge Kompost auf dem Salatbeet tut ihm aber genauso gut. Die Erde soll gut durchgegraben und feinkrümelig geharkt sein. Gegen festgetretene, harte Erde haben Salatpflanzen etwas. Sie sind da anders als zum Beispiel die Zwiebeln.
Für die Aussaat ziehst du im Frühjahr oder Sommer mit der Hacke flache Rillen in das Beet und streust die Salatsamen so dünn, wie du nur kannst, hinein. Wenn die Saat aufgegangen ist,

Die verschiedenen Salatsorten werden den ganzen Frühling und Sommer über gepflanzt. Es sollen aber immer nur ein paar Setzlinge auf einmal gepflanzt werden, sonst gibt es eine Salatschwemme. Salat schmeckt nur frisch, auch im Kühlschrank kann man ihn nicht lange aufbewahren. Du kannst auch einmal versuchen, Salat im August auszusäen und ihn unter einer Plastikfolie oder einer Laub- oder Reisigdecke zu überwintern. Für diesen Versuch gibt es bestimmte Wintersorten. Er gelingt aber nur, wenn der Winter milde ist und man in einer warmen Gegend wohnt. Die glücklichen Gewächshausbesitzer können sich allerdings ohne große Mühe den ganzen Winter über mit frischem Salat versorgen.

Nach dem Aufgehen der Saat ausdünnen. Alle 30 cm bleibt eine Pflanze stehen.

Was nicht frisch aufgegessen wird, kann für den Winter in feuchtem Sand aufbewahrt werden.

Nicht nur als Salat und Beilage sind Rote Bete beliebt, jedermann weiß, daß sie die Grundlage zum russischen Nationalgericht Borschtsch hergeben. Hier spielen sie die Hauptrolle neben einer Portion Kohl und dem Löffelchen saurer Sahne, das auf keinen Fall fehlen darf. So einen echten Borschtsch sollte man schon einmal probiert haben.

Rote Bete

Rote Bete schreiben sich wirklich nur mit einem »e«. Sie sind frostempflindlich und sollten nicht vor Mitte April gesät werden. Danach kann man sie in Folgesaaten vom Mai bis in den Juni hinein aussäen. Die Haupternte ist für den Wintervorrat, die Ernte der späteren Aussaaten wird im Spätsommer und Herbst gegessen, wenn die Roten Bete noch zart und jung sind. Sie schmecken am besten, wenn sie ganz klein, nicht größer als Tischtennisbälle, sind.

Gesät wird mit einem Reihenabstand von 20 cm. Alle 15 cm wird ein Samenkorn in die gezogene Rille gedrückt. Natürlich muß man auch hier darauf achten, daß die Pflanzen nicht vom Unkraut überwuchert werden. Blätter, die Blasen haben, werden abgedreht und verbrannt. Die Blasen zeigen an, daß die Roten Bete von der schädlichen Rübenfliege befallen sind, deren Larven in ihnen leben.

Rote Bete müssen zart angefaßt werden; denn sie verlieren bei jeder Verletzung viel von ihrem schönen dunkelroten Saft.

Zwiebeln

Saatzwiebeln

werden früh im Jahr dünn im Reihenabstand von 25 cm gesät. Die Saatrillen werden mit dem Rechen leicht mit Erde bedeckt. Die Erde des Zwiebelbeetes soll fest sein! Zwiebeln haben flache Wurzeln, die nicht in die Tiefe gehen. Wenn sie dick genug geworden sind, werden sie geerntet.

☻ Später, als alter Hase im Gärtnerfach, kannst du auch einmal eine Aussaat von Frühlingszwiebeln im August versuchen. Das Saatbeet muß gut und sehr feinkrümelig vorbereitet sein und im Winter mit einem Frostschutz versehen werden. Die Pflänzchen werden im März umgesetzt und mit Glück im Juni geerntet.

Steckzwiebeln und Schalotten

bringen auch dem unerfahrenen Gärtner eine sichere Ernte. Steckzwiebeln sind nichts anderes als ganz kleine Zwiebeln, die man in der Erde dick werden läßt. Man kauft die Steckzwiebeln im Samengeschäft und pflanzt sie im März oder April im Abstand von 15–20 cm. Sie werden nicht zu tief gesteckt, die Erde für Zwiebeln – wir sagten es schon – soll recht fest sein. Wenn die Zwiebeln schön dick geworden sind, knickt man ihren oberirdischen grünen Zwiebelschopf scharf um. Damit ist der Saftstrom in der Zwiebelpflanze unterbrochen, und sie reift schneller aus. Danach werden die Zwiebeln aus der Erde gezogen und noch ungefähr vierzehn Tage lang in der Sonne nachgetrocknet. Sie lassen sich nun in Zöpfe flechten, oder man steckt sie einfach in ein Netz. So werden sie an einem kühlen, luftigen Ort aufbewahrt. Lagern sie zu warm, treiben sie schnell wieder aus oder faulen.

☻ Im Tiefkulturbeet können die Steckzwiebeln 5 cm tiefer und natürlich viel enger als sonst gesetzt werden. 10 cm Platz rundum für jede Pflanze genügen.

Schalotten sehen den Steckzwiebeln ähnlich, schmecken aber viel feiner. Sie werden wie Steckzwiebeln gepflanzt. Anders als die Steckzwiebel, die nur allein dick und rund wird, bildet die gepflanzte Schalotte um sich herum viele kleine neue Schalotten aus.

Schnittlauch

ist den Zwiebeln verwandt, nur essen wir hier den grünen oberirdischen Teil und nicht die Teile in der Erde. Er schmeckt gut auf dem Butterbrot oder in Salaten. Er wächst leicht im Topf auf der Fensterbank oder draußen an einem halbschattigen Platz in Küchennähe. (Es ist gut, wenn man nicht weit laufen muß, um ihn zu ernten.)
Man kann Schnittlauch säen. Vielleicht schenkt dir aber ein Freund oder Nachbar von seinen Schnittlauchstauden ein Büschel mit Wurzel, das ohne weiteres eingepflanzt werden kann. Später kann es dann ein paarmal geteilt werden. Diese Teilbüschel werden dann einfach wieder eingepflanzt. Schnittlauch ist eine ausdauernde Pflanze, das heißt, die Pflanze lebt jahrelang und treibt jedes Jahr neu wieder aus. Schnittlauch wird so frisch wie möglich mit einer Schere oder einem Messer abgeschnitten, wenn man zum Beispiel Appetit auf ein schönes Rührei mit Schnittlauch hat. Er wächst immer wieder nach. Im Frühjahr ist der Schnittlauch eines der ersten Kräuter, mit dem wir unseren Hunger nach frischem Grün stillen können.

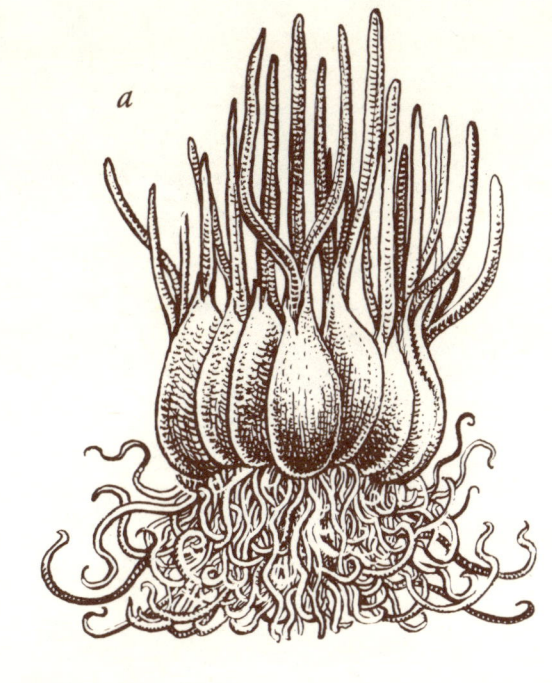

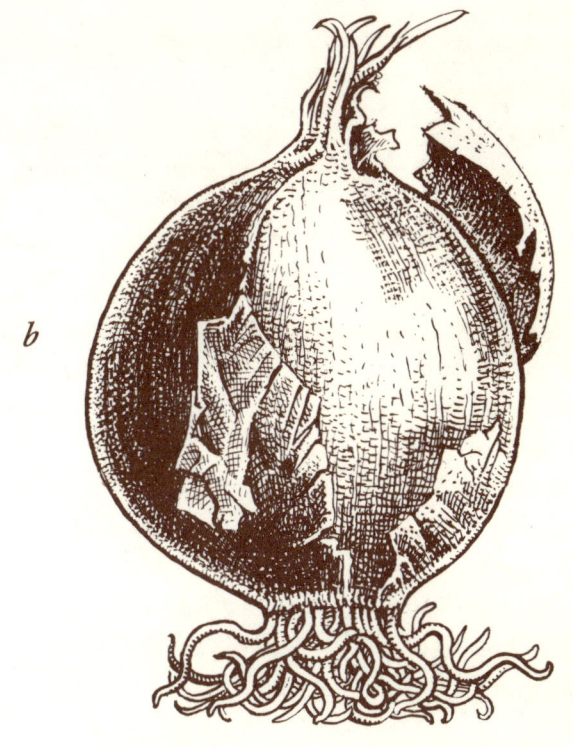

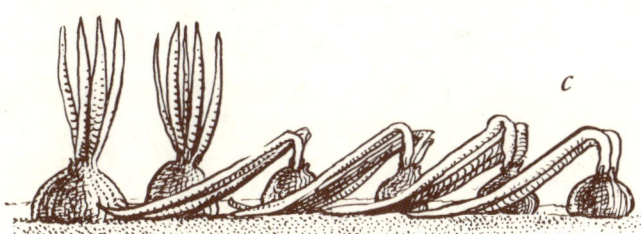

a) Nest von Schalotten
b) reife Zwiebel
c) umgeknicktes Zwiebellaub fördert das Reifen
d) geflochterner Zwiebelzopf (Auf S. 38 kann man
   sehen, wie es gemacht wird)
e) Schnittlauch

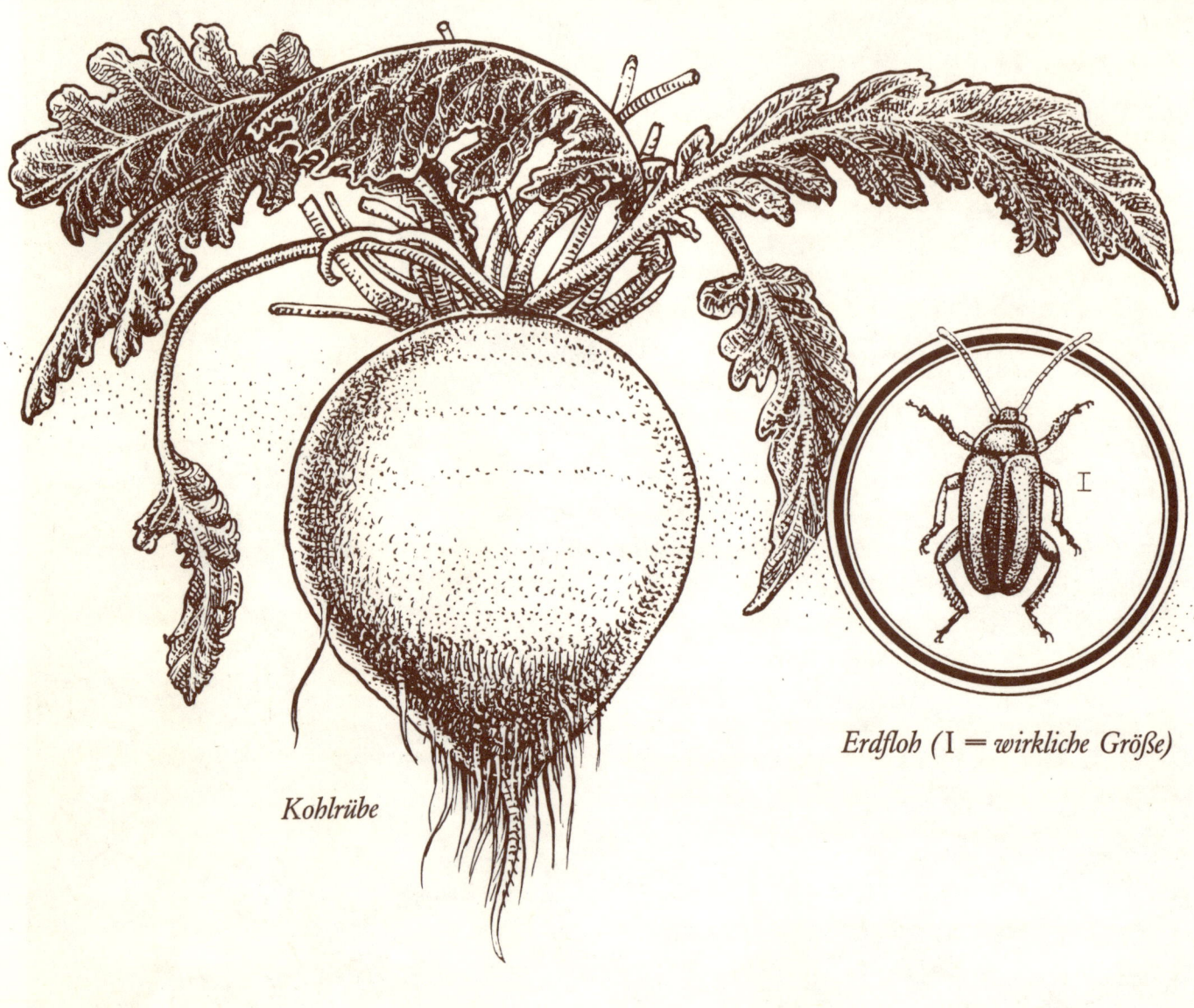

Kohlrübe

Erdfloh (I = wirkliche Größe)

Steckrüben (Unterkohlrabi, Kohlrüben)

Alte Leute erinnern sich noch gut an die Hungerzeiten in und nach den beiden Weltkriegen, und sie wissen noch gut, wie froh sie damals waren, wenn sie wenigstens ein paar Steckrüben im Topf hatten.

Steckrüben werden spät gesät, im Mai oder Juni. Man sät sie ähnlich wie Möhren, also sehr dünn. Der Reihenabstand soll ungefähr 45 cm betragen. Nachher wird ausgedünnt, zwischen jeder Pflanze bleiben ungefähr 30 cm frei.

Wenn du an den Blättern viele kleine Löcher bemerkst, mußt du aufpassen; denn die Steckrüben können von Erdflöhen befallen sein. Man erkennt es auch daran, daß die Erdflöhe in alle Richtungen hüpfen, wenn man ein Blatt anfaßt. Erdflöhe gehen manchmal von allein weg, wenn es viel regnet. Man kann sie also auch durch häufiges Begießen vertreiben. Hilft das nichts, besorgt man sich ein Derris-Pulver im Samenfachgeschäft. Dieses Pulver tötet die Insekten, den Pflanzen schadet es hingegen nicht.

Karotten (Gelbe Rüben, Möhren, Mohrrüben)

Jeder kennt sie unter einem anderen Namen, jedenfalls werden sie ab März als Folgesaat jeden Monat bis zum Hochsommer gesät, damit man immer frisch ernten kann. Sie werden ganz dünn in flache Rillen gesät, die Saat wird mit ein wenig Erde bedeckt und dann mit dem Rücken des Rechens festgekopft.

Wenn die Pflanzen kommen, wird vorsichtig ausgedünnt, alle 5 cm bleibt eine Pflanze stehen. Das Ausdünnen sollte an einem regnerischen Tag geschehen. Bei trockenem, warmem Wetter lockt der Geruch der ausgerissenen Pflänzchen den Todfeind der Möhre, die Möhrenfliege, an. Ihre Larven bohren Fraßgänge in die Wurzeln der Karotte, so daß für den armen Gärtner nichts Schmackhaftes mehr übrig bleibt.

☺ Karotten werden frisch gegessen, aber sie lassen sich auch gut für den Winter in Sand oder leichter Erde in einer Kiste aufbewahren. Die Kiste wird an einen kühlen Platz gestellt.

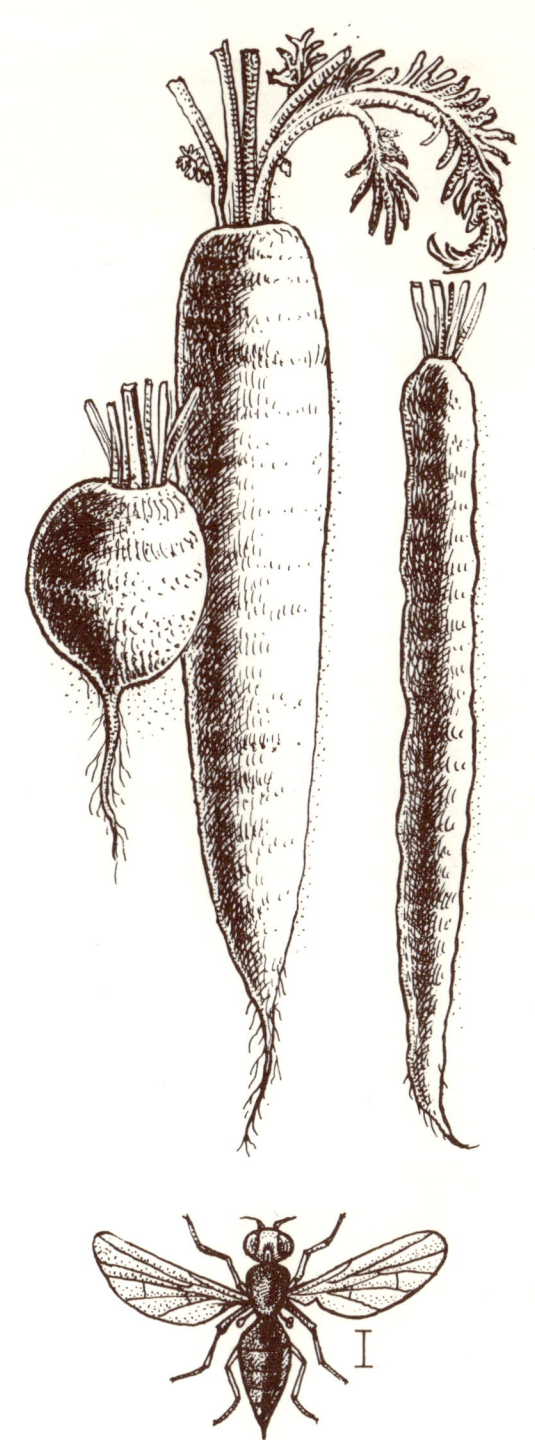

Möhrenfliege (I = wirkliche Größe)

Damit die Saat von den Vögeln nicht weggepickt wird, sollte man sie mit einer dünnen Schicht Erde bedecken und mit dem Rechen festklopfen.

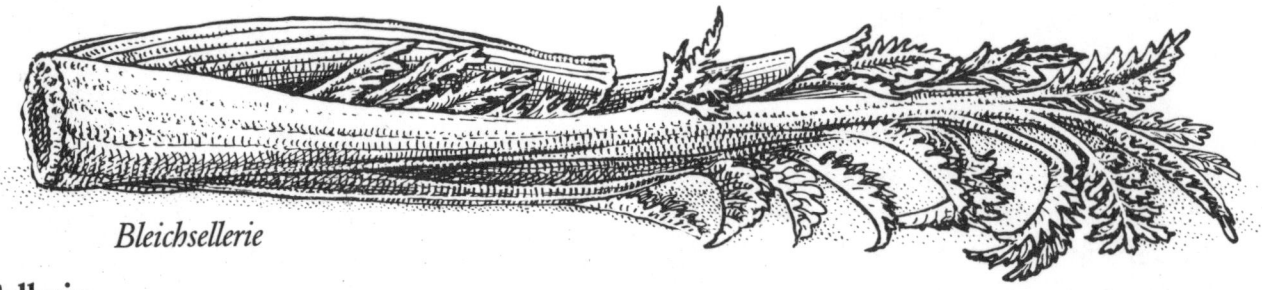

Bleichsellerie

Sellerie

Knollensellerie

Bleichsellerie ist in England ein überall beliebtes Gemüse. Bei uns ist er bisher noch nicht so bekannt; hier kennt jeder den Knollensellerie, dessen Knolle man ißt, während vom Bleichsellerie die gebleichten Stiele gegessen werden.
Knollenselleriepflanzen kann man ab Mitte Mai überall auf dem Wochenmarkt oder in den Gärtnereien kaufen. Sie werden hoch gepflanzt, so hoch, daß sie fast umfallen, sonst bilden sie nur Kraut und keine Knollen.
Wie der Bleichsellerie will diese Sellerieart ebenfalls eine weiche lockere und nährstoffreiche Erde, die immer feucht gehalten werden sollte. Geerntet wird im November.

● Eingewintert wird in feuchtem Sand in einer Kiste an frostfreiem Platz.

Bleichsellerie

Bleichselleriepflanzen kauft man am besten als Setzlinge auf dem Markt oder in der Gärtnerei; denn die *Vorkultur* ist schwierig. Die Pflanzen sind nicht überall zu haben. Man muß sich deshalb nach ihnen umtun oder sie in der Gärtnerei vorbestellen.
Für das Pflanzbeet wird schon im Nachwinter ein halber Meter tiefer Graben ausgehoben und mit 20 cm gutem Kompost oder Dung gefüllt. Darauf kommen 15 cm Erde.
Im Mai oder Juni holst du dir deine Bleichselleriesetzlinge aus der Gärtnerei oder vom Wochenmarkt und pflanzt sie im Abstand von 20 cm in den Graben.
Danach gut angießen. Überhaupt werden sie bei jedem sonnigen Wetter gegossen, damit sie nie trocken stehen.

Knollensellerie

Bleichsellerie: Setzen, Abstand, Bleichen durch Zusammenbinden und Häufeln

Spinat

Es gibt Sommerspinat und es gibt Winterspinat. Der Sommerspinat wird im Frühling, sobald sich die Erde erwärmt hat, etwa 2 cm tief in gut geharkte Erde gesät. Schon bald nach dem *Aufgehen* der Saat werden die Pflänzchen ausgelichtet. Alle 10 cm bleibt eine Pflanze stehen. Damit ist schon die ganze Arbeit am Spinat getan, man muß ihn nur noch nach sechs bis acht Wochen ernten und essen. Winterspinat wird genauso angebaut, nur wird er im Herbst gesät.

Die Spinaternte ist etwas mühsam, weil man sehr viele Blätter pflücken muß, ehe man genug für eine Mahlzeit gesammelt hat. Ein Kohlkopf ist natürlich schneller geerntet als ein Pfund Spinatblätter. Daß Spinat »gesund« ist, weil er viele Vitamine und Mineralstoffe enthält, weiß jeder. Aber er ist nicht nur gut für unsere Gesundheit. Er enthält nämlich Oxalsäure, die in großen Mengen schädlich sein kann. (Nur, wenn man jeden Tag über lange Zeit Spinat essen würde.)

Wenn die Pflanzen etwas größer geworden sind, werden sie leicht zusammengebunden und dann etwas *angehäufelt,* so daß nur ein Büschel Blätter aus der Erde schaut. Wenn sie nachgewachsen sind, wird das wiederholt, bis die Blätter nicht mehr im Graben sitzen, sondern über einen kleinen Erdwall gucken. Die Wände des kleinen Walles werden mit dem Spatenrücken angeklopft.

Bleichsellerie wird im Winter nach dem ersten Frost geerntet. Er ist ein schmackhaftes und gut haltbares Gemüse. Manchmal kann man ihn bis in den Januar hinein ernten, bis ihn die scharfen Fröste dann doch erfrieren lassen.

● Man kann die Bleichselleriereihe zum Schutz mit Stroh abdecken oder die Pflanzen ausgraben und sie in einer mit Erde gefüllten Kiste aufbewahren. Dann hat man noch lange etwas von ihnen.

Es gibt eine spinatähnliche Pflanze, die weniger Oxalsäure enthält und vielleicht das Richtige für Spinatsüchtige ist. Es ist ein Sommerspinat mit dem Namen »Neuseeländer Spinat«. Er braucht allerdings sehr lange zum Keimen; etwa 40 bis 50 Tage.
Gesät wird er Anfang März.

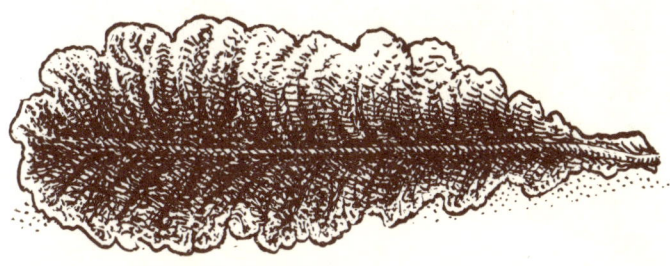

● Es ist gut, wenn man die Samenkörner 24 Stunden in lauwarmem Wasser einweicht, dann geht es ein bißchen schneller mit dem Keimen.

Porree (Lauch)

ist leicht zu ziehen. Gesät wird Ende März oder Anfang April. Wenn die Pflanzen ungefähr 15 cm groß geworden sind, werden sie aus dem Saatbeet genommen und in einer Reihe in Löcher gesetzt. Es ist ganz gut, wenn man die Blätter und Wurzeln ganz wenig einkürzt, bevor man pflanzt. Das Kürzen der Blätter hat den Zweck, Krankheiten vorzubeugen. Wenn die Blätter nämlich auf die Erde hängen, können sich Schädlinge und Krankheiten aus dem Boden leicht verbreiten. Die Wurzeln sollen im Pflanzloch schön nach unten hängen und nicht geknickt in der Erde stecken.

Nach dem Pflanzen werden die Setzlinge gut angegossen, und erst dann wird das Pflanzloch mit Erde aufgefüllt.

Später wird die Porreereihe vom Unkraut frei gehalten und, wenn die Pflanzen herangewachsen sind, angehäufelt. Dafür zieht man Erde mit dem Rechen an die Porreestangen heran. Man tut es, damit sie schön zart und weiß bleiben.

● Wer Riesenexemplare erzielen will, pflanzt seinen Porree in einen Graben und füllt diesen nach und nach mit Erde auf, genau wie beim Bleichsellerie.

So pflanzt man den Porree ...

... und so wächst er

Man kann den Porree gar nicht genug loben, nicht nur weil er so gesund ist, sondern weil man ihn in der Küche auf mannigfaltige Weise verwenden kann, in Suppen, als Eintopf und als zartes Gemüse, sogar zu chinesischen Gerichten.

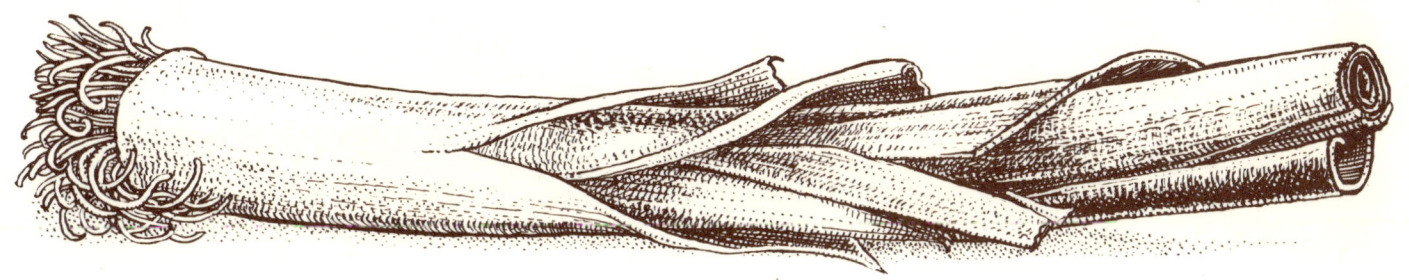

Erbsen

Für die Aussaat der Erbsen wird mit der Hacke, die man dabei etwas schräg hält, damit die Furche nicht zu breit gerät, eine etwa 7 cm tiefe Furche gezogen. In diese Furche werden die Erbsen gelegt. Der Abstand von Erbse zu Erbse soll ungefähr 5 cm betragen. Nun wird die Furche mit Erde zugeharkt und die Erde gut mit dem Rechenrücken angedrückt.

Eins ist wichtig: Erbsen lieben einen sehr kalkreichen Boden! Wenn die Pflanzen kommen, steckt man gut verzweigte Reiser in die Erde, daran können die Erbsen schön hochranken.

Die erste Erbsenaussaat erfolgt im März, dann kann man jeden Monat bis Juni Folgesaaten ausbringen, damit man recht lange gartenfrische Erbsen erntet.

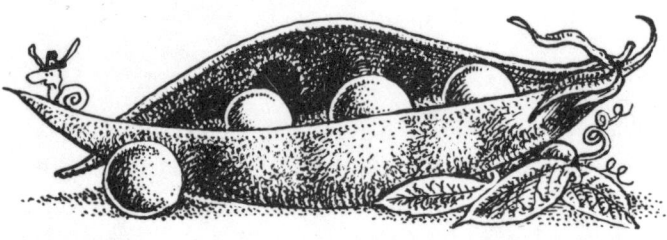

☻ Wer mehr Erbsen hat, als er auf einmal essen kann, läßt die Schoten bis zum Herbst an der Pflanze hängen und trocken werden. Dann werden die Erbsenbüsche ausgerissen und mit der Wurzel nach oben unter einem Schuppendach oder einem anderen geschützten Platz aufgehängt. Wenn sie ganz trocken geworden sind, werden die Erbsen mit einem Stock oder mit den Händen ausgedroschen. Aus trockenen Erbsen kann man eine prima Erbsensuppe kochen. Sie müssen allerdings eine Nacht lang in Wasser eingeweicht werden.

Ein paar trockene Erbsen werden in einer Schachtel als Saatgut für das nächste Jahr aufgehoben.

Stangenbohnen, Buschbohnen und Feuerbohnen

Es macht besonders viel Spaß, Stangenbohnen anzubauen. Sie wachsen und wachsen, ranken an Stangen, Draht, gespanntem Bindfaden und allem, was zum Klettern und Festhalten geeignet ist, und man glaubt schließlich, daß es mit der Rankerei nie ein Ende nehmen wird.

Legt man Feuerbohnen, hat man außer der Gemüseernte vorher noch Freude an den hübschen roten Blüten.

Stangenbohnen tragen meistens sehr gut; man kann monatelang Bohnen pflücken, immer wieder wachsen neue nach. Mitte Mai ist die Zeit fürs Bohnenlegen. Man legt 6 bis 8 Bohnenkerne rund um eine Stange, so flach, daß sie noch »die Glocken läuten hören«. Der Abstand von Bohnenstange zu Bohnenstange soll etwa 80 cm betragen.

Stangenbohnen brauchen eine gute Ernährung. Vor dem Bohnenlegen gräbt man einen Graben und füllt ihn mit Kompost und etwas Grasschnitt oder verrottetem Laub auf. Alles, was verrottet, ist nährstoffreiches Bohnenfutter, und es hält außerdem die Feuchtigkeit im Boden fest. Stangenbohnen sind immer durstig, auch ihre Blätter und Blüten. Diese brauchen Feuchtigkeit als Hilfe für den Fruchtansatz, aus dem sich die Bohnen entwickeln. Das Gießen der Blüten sollte mehr ein Besprühen sein, auf gar keinen Fall eine kalte Sintflut aus dem Gartenschlauch.

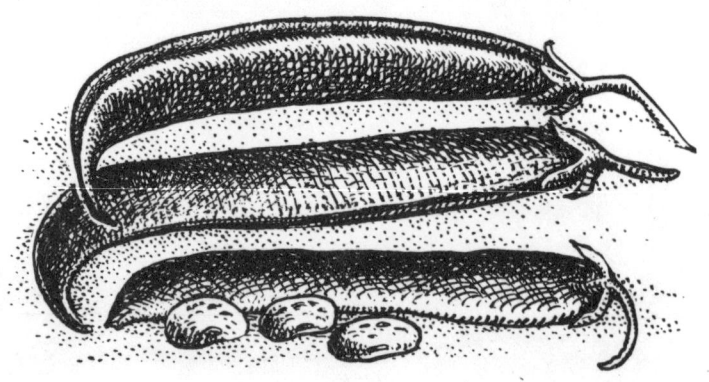

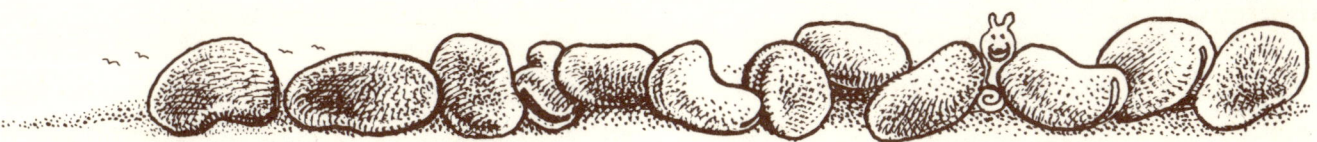

Bohnen lieben einen kalkreichen Boden! Buschbohnen werden wie Stangenbohnen gesät. Sie ranken aber nicht und wachsen mit ebenfalls guten Erträgen als niedrige Büsche.
Bohnen werden bei uns nach den »Eisheiligen« (Mitte Mai) gelegt. Ein Frost wäre tödlich für die Saat. Bohnen keimen nicht in naßkalter Erde und faulen dort schnell.

Puffbohnen (Dicke Bohnen)

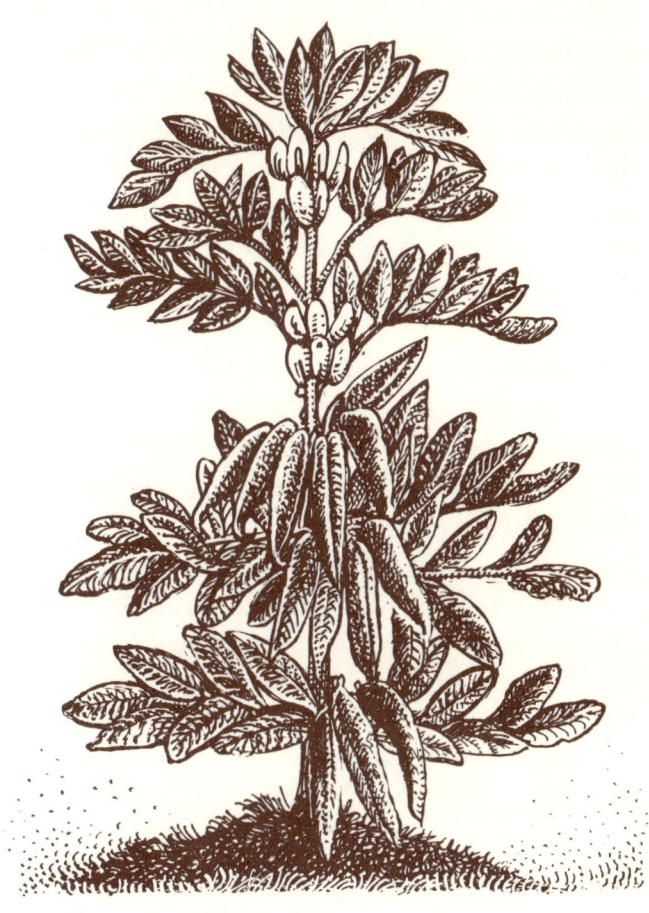

Puffbohnen (Dicke Bohnen)

können in milden Gegenden schon im Herbst gesät werden. Dort werden sie im Abstand von 20 cm in Reihen, die 60 cm auseinander liegen, gelegt. Kommt ein harter Winter, der nichts aus ihnen werden läßt, wird im Februar oder März noch einmal gesät. Leute, die in kälteren Gegenden wohnen, säen ohnehin erst im Frühjahr. Puffbohnen lieben einen nährstoffreichen, tief und gut durchgegrabenen Boden mit hohem Kalk- und Kompostanteil. Eine Kaligabe, zum Beispiel aus Holzasche, tut ihnen sehr gut.

Sollten sich im Frühling schwarze Blattläuse auf den jungen Trieben ansiedeln, mußt du die Triebspitzen abknipsen. Ich mache das, bevor die Blattläuse kommen, und esse die Triebspitzen gedünstet selbst. Sie schmecken nämlich sehr gut – die Bohnentriebe, nicht die Blattläuse.

So legt man Stangenbohnen

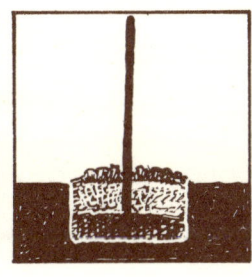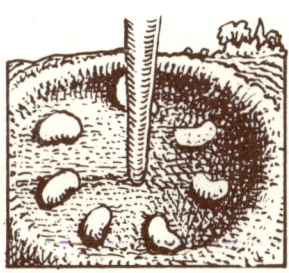

Kartoffeln

Nichts ist so leicht wie der Kartoffelanbau. Man gräbt ein Loch in die Erde, steckt eine Kartoffel hinein, und die Kartoffel wächst, wenn das Loch nicht allzu tief ist. Sie wird ihre Blätter der Luft und Sonne entgegenstrecken und ihre Wurzeln in die Erde senken. An diesen Wurzeln wachsen die neuen Kartoffeln. Wenn man nach vier oder fünf Monaten nachgräbt, findet man die Mutterkartoffel leer und schrumpelig, oder sie ist ganz verschwunden, aber man findet ein Dutzend pralle neue Kartöffelchen.

Um sicher zu gehen, besorgt man sich Pflanzkartoffeln aus dem Fachgeschäft oder vom Markt. Auf die normalen Speisekartoffeln kann man sich nicht immer verlassen.

Es gibt schnellwachsende Sorten, das sind die »Frühkartoffeln«. Sie werden im März gepflanzt. (Experimentierfreudige können es auch schon im Februar versuchen.) Mit ein bißchen Glück kann man dann bereits im Juni seine eigenen köstlichen Kartoffeln essen.

Kartoffeln vertragen keinen Frost. Sie stammen aus Südamerika, aus Gegenden, in denen es keinen Frost gibt. Wer also seine Kartoffeln sehr früh pflanzt, riskiert, daß die sprießenden Kartoffelblätter vom Frost kaputtgemacht werden, und muß sich die ganze Arbeit noch einmal machen. Man kann den Frost aber auch überlisten, durch Folientunnel oder zeltartig gegeneinander gestellte Glasscheiben. Dann überlebt das empfindliche Kartoffellaub leicht.

Folientunnel für Kartoffeln

Frühkartoffeln

Für die Lagerung der geernteten Kartoffeln sind drei Dinge sehr wichtig:

Kein Frost – sonst verfaulen sie.

Keine Wärme – sonst keimen sie.

Kein Licht – sonst werden sie grün und ungenießbar.

Und jetzt die Anleitung für den Kartoffelanbau: Hebe einen Graben von etwa 20 cm Tiefe aus. Lege die Kartoffelknollen hinein. (Frühkartoffeln in einem Abstand von 30 cm; die Kartoffeln für die Haupternte im Abstand von 25 cm.) Nun werden die Kartoffeln mit ungefähr 10 cm Erde bedeckt. Hast du mehrere Reihen angelegt, halte einen Reihenabstand von ungefähr 70 cm für die Frühkartoffeln und 50 cm für die Haupternte

ein. Der genaue Abstand ist nicht so wichtig, Kartoffeln sind nicht pingelig und nicht unbedingt auf einen korrekten Abstand zum Nachbarn bedacht. Du weißt ja, wie groß eine Pflanze wird, du brauchst also nur dafür zu sorgen, daß alle Pflanzen genug Platz zum Wachsen haben. (Im Tiefkulturbeet sollten Kartoffeln sehr tief, mindestens 45 cm tief, und im Abstand von 35 cm gepflanzt werden.)

Vor dem Pflanzen werden alle Keime, oder »Augen«, bis auf zwei, entfernt; sonst gibt es zu viele schwache Triebe. Wenn das Kartoffellaub erscheint, wird angehäufelt. Mit dem Spaten oder mit der Hacke wird Erde wie für kleine Wälle links und rechts an die Pflanzen herangezogen, um die Kartoffeln vor dem Licht zu schützen.

Im Tiefkulturbeet ist ein Anhäufeln nicht nötig. Wenn du es nicht mehr aushalten kannst und unbedingt wissen willst, ob du bald eigene Kartoffeln essen kannst, gräbst du ein oder zwei Pflanzen vorsichtig aus und siehst nach, wie die Sache steht. Wenn die Kartoffeln groß genug zum Essen sind, werden sie mit der *Grabegabel* ausgegraben und wandern gleich in die Küche. Die Haupternte bleibt jedoch im Boden, bis das Kartoffellaub abgetrocknet ist. Dann werden die Kartoffeln ausgegraben und eingelagert.

● Ich lagere meine Kartoffeln in einer *Erdmiete* ein. Dafür werden sie im Freien zu einem Haufen geschichtet und zuerst mit einer Strohschicht und dann mit einer Erdschicht bedeckt. So sind sie warm genug, kühl genug und vor allem dunkel genug untergebracht.

Erdmiete

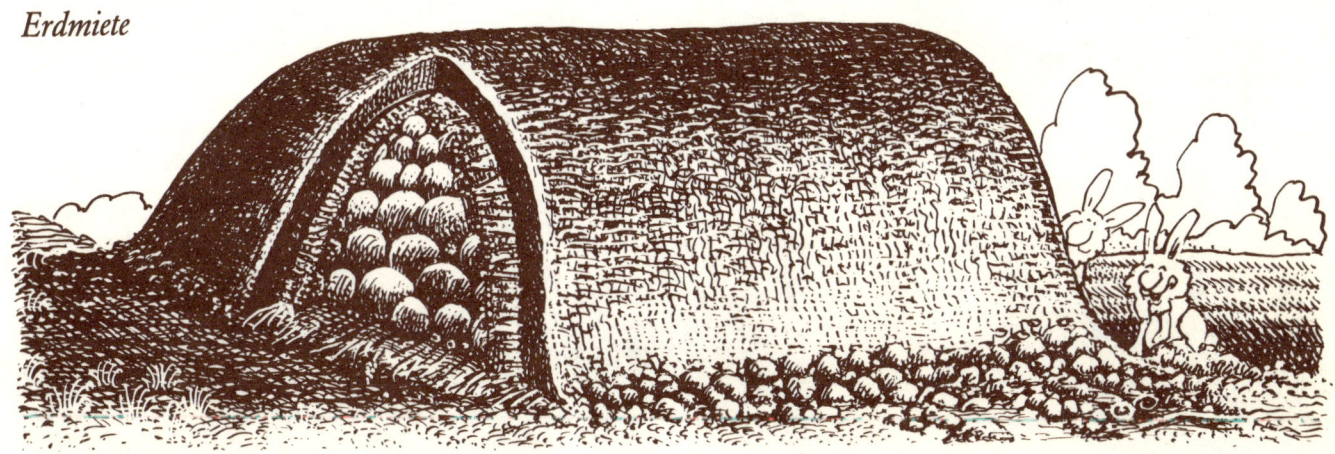

Kohlgemüse

Was wären wir ohne die Kohlgemüse wie Rosenkohl, Blumenkohl, Kohlrabi, Weißkohl, Rotkohl, Wirsingkohl, Grünkohl und die vielen anderen. Sie sind es vor allem, die uns im Winter mit frischem Gemüse versorgen. Am einfachsten, aber auch recht teuer, ist es, sich die Pflanzen vorgezogen aus der Gärtnerei oder vom Markt zu besorgen. Wer geschickt ist, kann seinen Kohl selbst aussäen, und, wenn er in einer milden Gegend wohnt, die Pflanzen auf dem Anzuchtbeet bis zur Ernte einfach weiterwachsen lassen. Die meisten Leute brauchen aber doch einen Saatkasten im Haus für die Kohlpflanzenanzucht oder ein sehr *gut vorbereitetes* Saatbeet. Man legt es wind- und kältegeschützt aus besonders guter Humuserde an und harkt seine Oberfläche krümelig fein. Nachdem die Pflanzen dort ein paar Zentimeter hoch gewachsen sind, werden sie ausgepflanzt, wo sich Platz für sie findet. So brauchen die Kohlpflanzen zunächst nicht viel Raum, und man kann auf dem

Kohlweißling

Kohlweißlingraupe

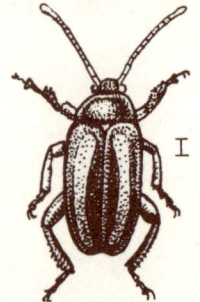

Kohlerdfloh (I = wirkliche Größe)

für Kohl vorgesehenen Beet erst einmal etwas anderes anbauen. Manche Leute setzen die kleinen Pflanzen vorübergehend in ein »Wartebeet« und pflanzen sie um, wenn sie schon recht groß geworden sind.

Man sät im März oder April in flache, mit der Ecke der Hacke gezogene Rillen. Gesät wird so dünn wie möglich, das Saatbeet muß wirklich sehr sorgfältig vorbereitet und ganz fein geharkt sein. Man kann ein kunterbuntes Saatbeet anlegen, dann sät man zum Beispiel eine kurze Reihe Weißkohl, dann eine Reihe Rosenkohl, eine Reihe Grünkohl, Brokkoli und so weiter.

Bei trockenem Wetter muß das Saatbeet stets feucht gehalten werden.

Leider haben die Kohlgemüse sehr viele Feinde, zum Beispiel den Kohlerdfloh, um nur einen besonders schlimmen zu nennen. Nur durch gute Bodenvorbereitung und gründliches Kalken ist solchen Feinden beizukommen, wenn man keine Chemikalien verwenden will. Im Tiefkulturbeet werden die Kohlpflanzen enger gepflanzt (40 cm Platz ringsum für Weißkohl, Rotkohl, Wirsingkohl. Rosenkohl, Brokkoli, Blumenkohl usw. brauchen 50 cm). Alle Kohlpflanzen, außer Kohlrabi, werden tief gepflanzt, die untersten Blätter, die Keimblätter, können ruhig mit in die Erde gesteckt werden. Nach dem Pflanzen fest andrücken! Kohlrabi wird hoch gepflanzt, weil er sonst keine Knollen bildet.

Kohlrabi

schmecken am besten, wenn ihre Köpfe noch klein sind, dann kann man sogar Blätter und Stiele mitessen. Es gibt »blaue« und »weiße« Kohlrabi, unter der Schale sind beide Arten grün.

Die Pflanzen für die frühe Ernte im Juni, Juli besorgt man sich am besten Ende April vom Markt

oder aus der Gärtnerei. Die Spätkohlrabi kann man im April bis Mai gut selbst ins Saatbeet aussäen und dann auspflanzen.

Gegen Nachtfröste und Wassermangel ist Kohlrabi empfindlich. Wenn es zu trocken ist, verliert er seine Zartheit und wird holzig. Der Boden für Kohlrabi soll gut durchlässig sein, der Abstand von Pflanze zu Pflanze etwa 25 cm betragen.

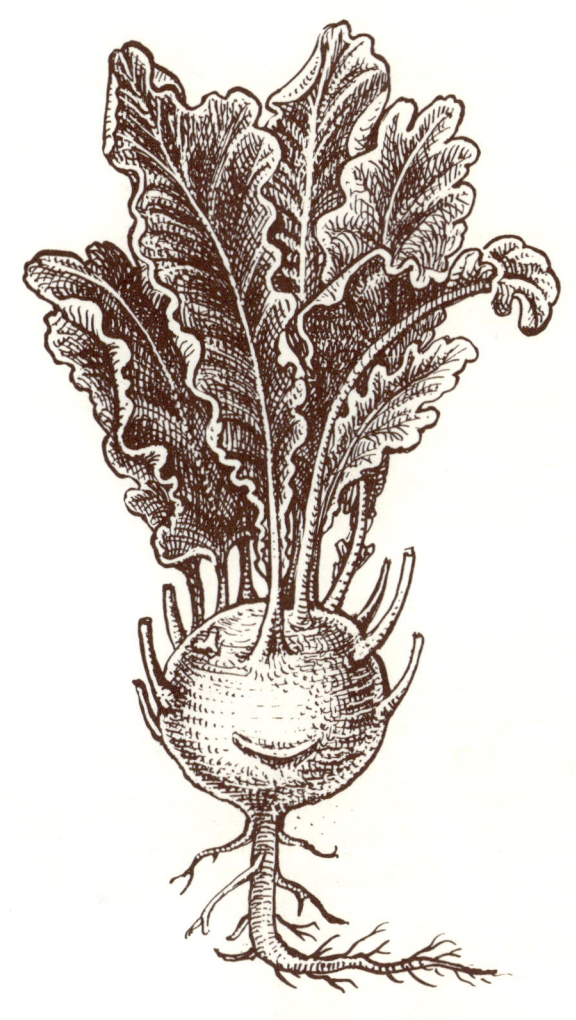

Kohlrabi

Kohlrabi werden anders als andere Kohlarten hoch gepflanzt. Man muß also aufpassen, daß die untersten Blätter nicht mit in die Erde kommen.

Weißkohl und Rotkohl und Wirsingkohl

haben die gleichen Anbaubedingungen. Die Aussaat von Rotkohl ist am leichtesten. Aus dem Weißkohl wird das vitaminreiche Sauerkraut bereitet. Aber es gibt noch viele andere abwechslungsreiche Zubereitungsarten, gedün-

stet, roh geraspelt als Salat, Kohlrouladen usw. Im Gegensatz zu vielen anderen Kohlarten wachsen diese auch noch sehr gut in frisch umgegrabenem Boden, der sich noch nicht wieder ganz gesetzt hat. Weißkohl, Rotkohl und Wirsing haben es gern, wenn auf ihrem Beet vorher Erbsen oder Bohnen wuchsen, weil die Knöllchenbakterien an den Wurzeln von Erbsen und Bohnen viel Stickstoff in den Boden bringen. Weißkohl, Rotkohl und Wirsing brauchen fette, kräftige Erde und viel Kalk. Wenn es im Saatbeet für die Kohlpflanzen zu eng wird und der Platz für ihren endgültigen Standort noch nicht frei ist, kann man sie ohne weiteres mit einem Reihenabstand von ungefähr 15 cm in ein »Wartebeet« setzen. Dort wachsen sie gemütlich weiter, bis man genug freien Platz für sie hat, und das Verpflanzen tut ihnen auch noch gut.

Wirsing   *Weißkohl*

Blumenkohl

Die Anzucht von Blumenkohl ist schwierig, deshalb ist es besser, sich die Pflanzen vorkultiviert zu besorgen. Blumenkohl stellt hohe Bodenansprüche, die Erde muß nährstoffreich, tiefgründig, aber fest und immer gut feucht sein. Dunggüsse während der Wachstumszeit tun ihm gut. Die Pflanzen brauchen viel Platz, etwa 50 cm ringsum; bei Sonneneinfall werden dem Blumenkohl die Blätter über dem Kopf zusammengebunden, sonst wird er häßlich braun und schmeckt nicht. Wer alle diese Schwierigkeiten überwunden hat und einen guten Blumenkohl erntet, hat dafür auch etwas besonders Feines im Kochtopf.

Rosenkohl

schmeckt erst richtig gut, wenn er Frost bekommen hat. Wer selbst säen will, muß es in der ersten Aprilhälfte in ein gut vorbereitetes Saatbeet tun und umpflanzen, wenn die Setzlinge 10 bis 15 cm hoch geworden sind. Rosenkohl braucht feste Erde und sehr viel Platz, wenn er gut geraten soll: Pflanzabstand 60 cm, Reihenabstand 70 cm.

Die köstlichen Röschen werden vom ersten Frost an gepflückt.

Der Rosenkohl scheint auch für die Schnecken eine Lieblingsspeise zu sein. Wie bei anderen schmackhaften Gemüsen müssen wir uns etwas einfallen lassen, um die Schnecken fernzuhalten, und wir wollen sie ja nicht mit chemischen Mitteln bekämpfen. Fleißiges Absammeln morgens und abends ist immer noch das beste.

Artischocken

sind wunderschöne Distelverwandte. Ihre Blütenköpfe schmecken köstlich und sind sehr vitaminreich. Man sollte Artischocken aber nur anbauen, wenn man ihnen viel Platz und einen warmen, sehr nährstoffreichen Boden bieten kann.

Wer nicht das Glück hat, von einem Freund oder Nachbarn einen Ableger geschenkt zu bekommen, sieht vielleicht auf dem Markt oder bei einem Händler, der sich auf seltenere Gemüsepflanzen spezialisiert hat, Jungpflanzen in Töpfen. Beim Pflanzen des Ablegers müssen die Triebknospen ein wenig aus der Erde schauen. Eine Pflanze braucht ungefähr einen Quadratmeter Platz. Wenn man die Pflanze nicht ins Tiefbeet setzt, muß man sehr viel Dung und Kompost in ihrem Beet untergraben. Geerntet und als Gemüse gegessen wird die Blüte der Artischocke. Im ersten Sommer muß die Artischokke reichlich gewässert und gut unkrautfrei gehalten werden. Im Herbst wird das Laub der Pflanze abgeschnitten, und sie wird mit einer dicken Stroh- oder Heupackung abgedeckt, damit sie warm und gut überwintert. Im nächsten Jahr treibt sie dann wieder aus, muß aber gleich eine kräftige Dungmahlzeit bekommen.

Artischocke

Kürbisse und Zucchini

sind nicht dasselbe, aber sie sind einander ähnlich und haben etwa gleiche Ansprüche an Boden und Klima. Kürbisse und Zucchini können keinen Frost vertragen, deshalb sät man sie im April in Blumentöpfe oder in Torftöpfe und stellt diese auf die Fensterbank. Ausgepflanzt werden sie erst nach den »Eisheiligen«, also erst nach dem 15. Mai. Kürbisse und Zucchini sind eigentlich Urwaldpflanzen. Davon ist ihnen das Bedürfnis nach feuchtlockerer, fetter, humusreicher Erde geblieben. Sie wachsen sehr schnell und üppig, und ihre Früchte reifen noch vor den Herbstfrösten.

Wenn man sie auf einen nicht zu schattig gelegenen Komposthaufen oder auch auf einen Misthaufen pflanzt, wachsen sie wie verrückt. Wahrscheinlich geht das aber nicht, wer opfert schon

Kürbis und Zucchini

gern seinen Komposthaufen als Futter für Kürbisse. So pflanzt man sie also an einen sonnigen warmen Platz in die Erde. Vorher muß viel Kompost oder Dung untergegraben werden. Die

Pflanzen müssen besonders behutsam eingesetzt werden, eine Beschädigung ihrer Wurzeln vertragen sie nur schlecht. Also vorsichtig, wenn du sie aus den Blumentöpfen nimmst. Torftöpfe können so, wie sie sind, in die Erde gesetzt werden, die Torfwände lösen sich bald auf, und die Wurzeln können sich danach im Boden ausbreiten. Torftöpfe gibt es in verschiedenen Größen in den Samengeschäften. Vor dem Säen werden sie mit besonders guter Erde gefüllt und angefeuchtet.

Die Kürbisse und Zucchini wuchern bald in alle Richtungen. Wer mit dem Platz in seinem Garten sparen muß, setzt sie an einen Zaun. Die Ranken wachsen auch dort ganz gut, wenn sie ein bißchen geleitet und festgebunden werden. Sind die Ranken 5 oder 6 Meter lang geworden, werden ihre Spitzen um ein paar Zentimeter gekürzt. Dann wachsen sie nicht mehr weiter.

Die Früchte dieser Gemüse werden geerntet, bevor sie ganz groß geworden sind. Riesenkürbisse sehen zwar wunderschön aus, schmecken aber nicht mehr. Und kleine Zucchini sind zarter als dicke. Auch hier gilt wie so oft: Die größten Früchte sind noch lange nicht die besten.

Sind die Ranken 5 bis 6 Meter lang geworden, werden ihre Spitzen um ein paar Zentimeter gekürzt.

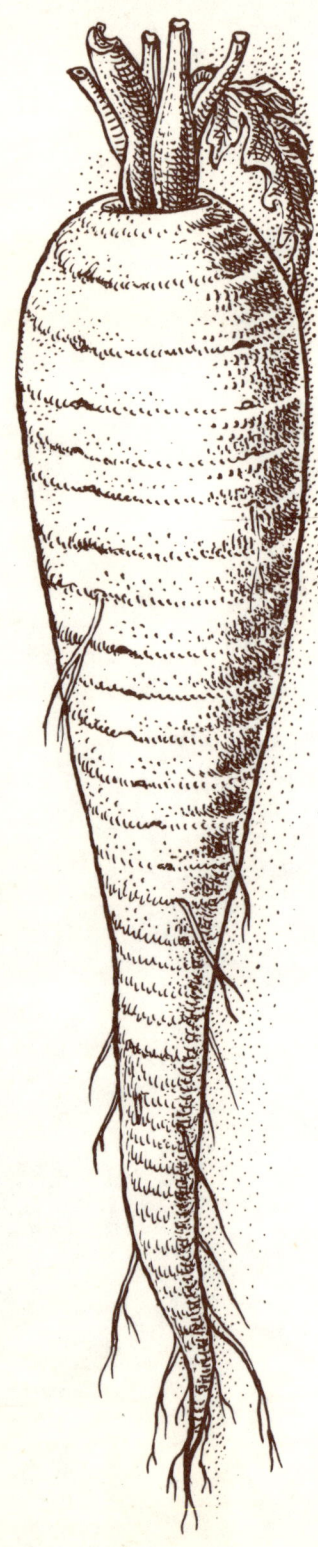

Pastinake

sind ein gutes Wintergemüse, das bei uns noch gar nicht genügend bekannt ist.

Pastinake wachsen langsamer als die meisten anderen Gemüse, deshalb wird schon frühzeitig gesät, im Februar. Man kann auch Radieschensamen unter die Saat mischen. Die Radieschen keimen schneller und zeigen an, wo die Reihen sind. So kann man das Unkraut ganz leicht entlang den Reihen weghacken und Radieschen essen, wenn die Pastinake noch lange nicht reif sind.

Wer die Aussaat im Februar verpaßt hat, kann auch noch im März und April säen. Die Pastinake werden auch dann noch reif.

Gesät wird in 3 cm tiefe Rillen, drei Samenkörner an einen Platz. 25 cm werden frei gelassen, dann kommen wieder drei Samenkörner. Die Reihen sollen einen Abstand von ungefähr 45 cm voneinander haben. Wenn wirklich alle drei Samen keimen, werden die beiden schwächeren Pflanzen entfernt. Eine Pflanze darf stehenbleiben.

Später wird das Beet immer mal wieder gehackt und vom Unkraut frei gehalten.

Im Herbst werden die Pastinake geerntet. Frost schadet ihnen nichts, im Gegenteil, er erhöht ihren Wohlgeschmack.

So wird Pastinakensamen gelegt

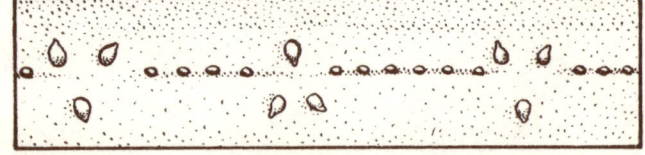

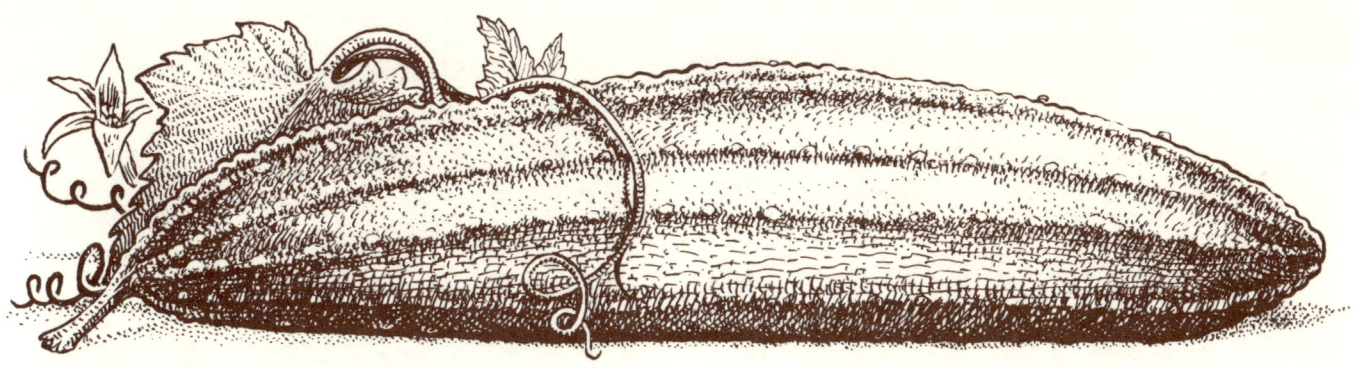

Gurken

Es gibt Gewächshausgurken und es gibt Freilandgurken.

Freilandgurken können wir ganz gut selbst ziehen. Man gräbt an einem sonnigen, geschützten Standort ein Loch von ungefähr 30 cm Tiefe. Das Loch wird mit Dung oder Kompost aufgefüllt. Darüber wird etwas von der ausgehobenen Erde geschaufelt. Gurken lieben eine weiche lockere Erde. Gesät wird im Juni.

Man steckt (nicht flach legen) drei Gurkenkerne. Das stärkste der drei keimenden Pflänzchen darf bleiben, die beiden anderen werden vorsichtig ausgerissen.

Wenn möglich, sollen die zarten, empfindlichen Gurkenpflanzen Schutz vor Kälte und Wind haben. Vielleicht durch einen Folientunnel oder auf Ziegelsteine gelegte Glasscheiben über der Pflanze.

Gurken breiten sich gewaltig aus und brauchen viel Platz. Deshalb nicht zu viele Gurken pflanzen! Und reichlich wässern. Wenn die Pflanze außer den zwei Keimblättern (das sind die untersten) sieben Blätter entwickelt hat, wird ihr die Spitze abgezwickt, damit sie sich gut nach allen Seiten verzweigt.

Wenn sich die Gurkenfrüchte entwickeln, kann man die Pflanze vorsichtig anheben und ihr eine Schutzschicht aus Stroh, Plastikfolie, Glasscheiben, alten Dachziegeln usw. unterlegen. Dann bleiben die Gurken sauber, und die Schnecken können sich nicht so leicht über sie hermachen.

Und bald heißt es ernten, essen, ernten, essen; denn die Gurkenpflanze liefert noch lange neue Gurken nach.

So sieht ein gutes Gurkenpflanzloch aus.

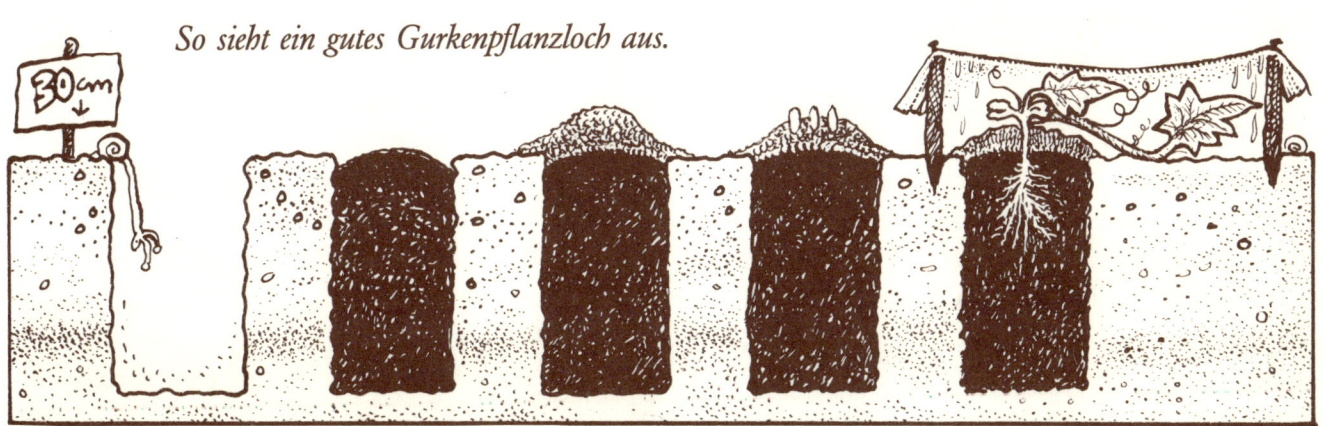

Kräuter

Weshalb nennen wir einige Pflanzen, die wir essen, Kräuter, und andere Gemüse? Warum ist zum Beispiel der Kohl ein Gemüse, der Dill nicht? Man versteht den Unterschied sofort, wenn man einmal versucht hat, ein halbes Pfund gekochte Salbeiblätter zu essen.

Mit Kräutern wird gewürzt. Sie werden einem Gericht zugefügt, damit es besser schmeckt. Kräuter werden fast nie ohne etwas anderes gegessen. Mit Kräutern kann man Speisen wunderbar verbessern und verfeinern. Sie sind außerdem sehr vitaminreich und deshalb gut für unsere Gesundheit. Man kann sich leicht viele Kräuter selbst halten, sie brauchen auch nicht sehr viel Platz im Garten. Hier ist eine kleine Auswahl:

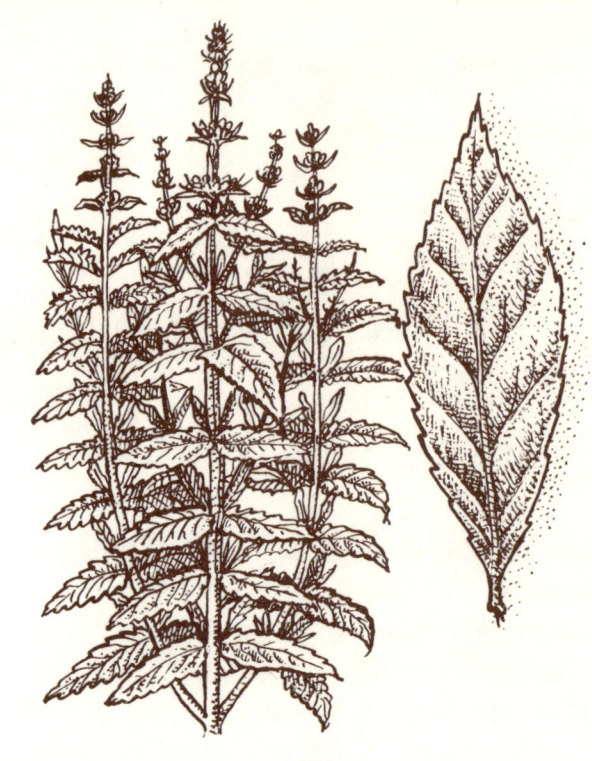

Minze

Minze

kennt man bei uns vorwiegend als Pfefferminztee. Die Engländer sind ganz besondere Minzenliebhaber, sie können sich ein Gericht aus Lammfleisch ohne Minzsauce überhaupt nicht vorstellen. Minze ist *ausdauernd*, das heißt, sie treibt in jedem Jahr wieder aus. Sie läßt sich leicht im Garten halten, fast zu leicht. Sie wuchert nämlich oft so üppig, daß man sie kaum in Grenzen halten kann. Minze liebt feuchte, halbschattige Lagen.

Man besorgt sich am besten im Frühjahr eine Pflanze vom Nachbarn oder eine Jungpflanze vom Markt und setzt sie an geeigneter Stelle ein. Nach ein oder zwei Jahren ist die Pflanze so stark geworden, daß man sie besser ausgräbt, einen kleinen Teil mit Wurzeln von ihr abtrennt und nur diesen wieder einpflanzt (an einem anderen Platz; denn an ihrem alten Standort würde sie »bodenmüde« werden). Der Rest der Minzenstaude wird verschenkt oder wandert auf den Komposthaufen.

Estragon

ist ebenfalls ausdauernd. Auch hier läßt man sich einen Ableger schenken oder kauft sich eine Jungpflanze. Die jungen Triebe des Estragon werden frisch in der Küche zum Würzen von Fleisch und Saucen oder in Salaten verwendet. Die Estragonblätter werden abgezupft und für den Winter getrocknet.

Dill

Frischer Dill ist etwas Köstliches. Und er ist wirklich leicht zu ziehen. Gesät wird *breitwürfig* ab März und dann in Folgesaaten. Wenn der Dill 20 bis 25 cm hoch ist, wird die grüne Pflanze mit Stielen und Blättern geerntet. Ein paar Pflanzen läßt man zum Blühen kommen. Die doldenförmigen Samenstände sind die Würze für saure Gurken und alles, was sauer eingelegt wird.

Petersilie

ist wohl das bekannteste Küchenkraut, dabei ist sie gar nicht so leicht zu ziehen, weil die Samen

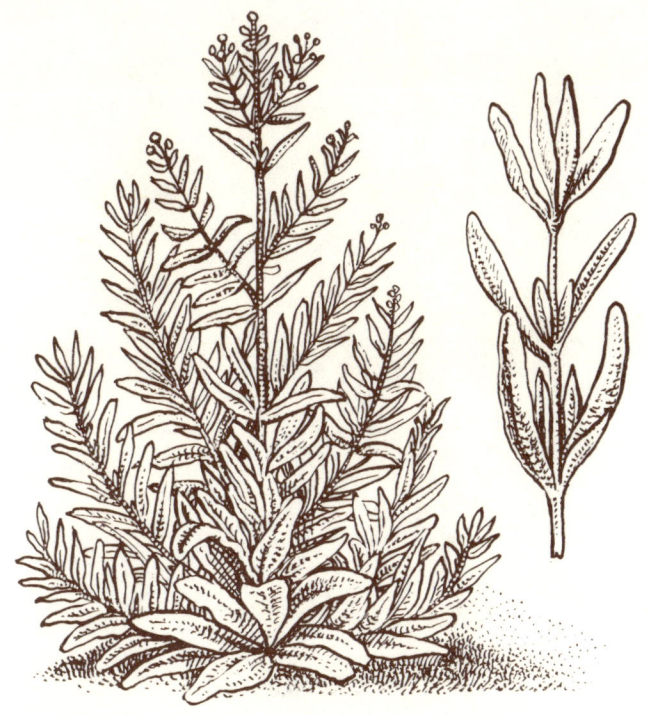

Estragon

Dill

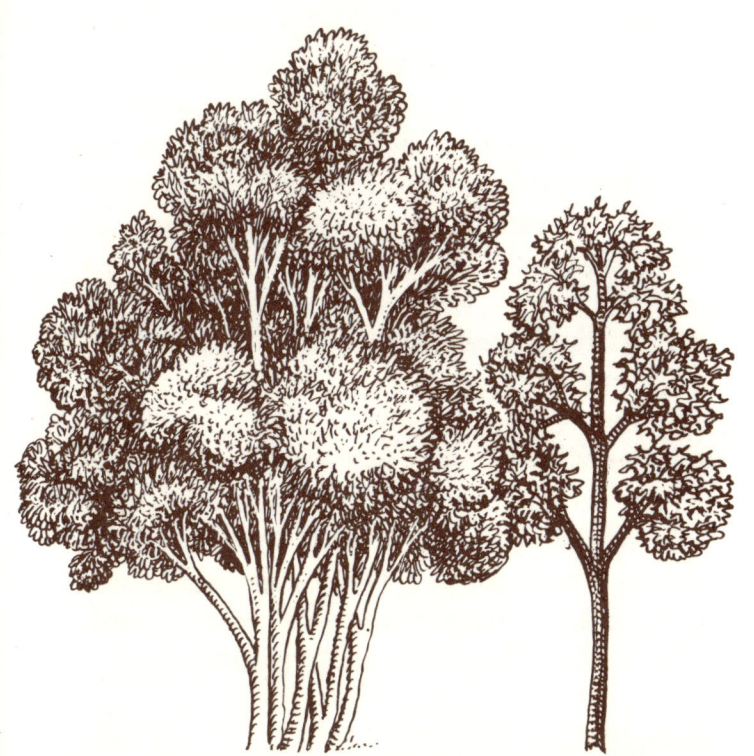

Petersilie

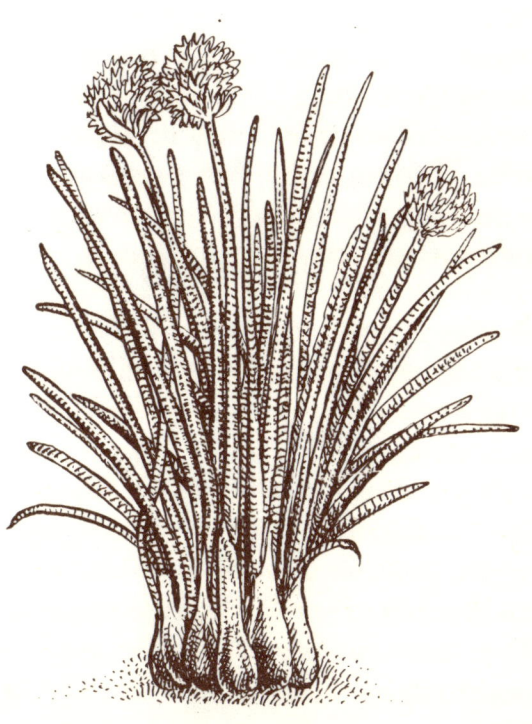

Schnittlauch

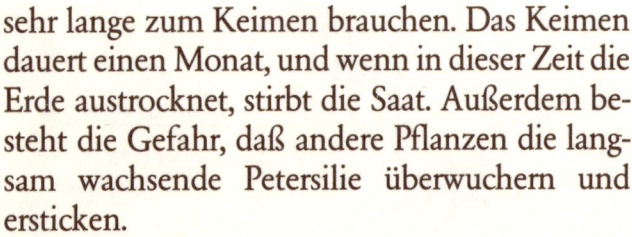

Salbei

Thymian

sehr lange zum Keimen brauchen. Das Keimen dauert einen Monat, und wenn in dieser Zeit die Erde austrocknet, stirbt die Saat. Außerdem besteht die Gefahr, daß andere Pflanzen die langsam wachsende Petersilie überwuchern und ersticken.

Es gibt Schnittpetersilie, die besonders aromatisch ist, Mooskrause Petersilie, deren Blätter besonders hübsch aussehen, und Wurzelpetersilie, deren Wurzeln in Suppen mitgekocht werden. Gesät wird im Frühjahr, am besten in ein gut vorbereitetes Beet und ganz dünn.

☀ Wenn man ein paar Radieschensamen (nicht zuviele!) unter die Petersiliensaat mischt, vergißt man nicht so leicht, wo die Petersilie ausgesät wurde. Radieschen keimen und wachsen schnell und »markieren«, wo die Petersilie steht. Diese Methode nennt man »Markiersaat«.

Bis die Petersilie kommt, muß der Boden gut feucht gehalten werden. Dann werden die Pflanzen ausgedünnt. Schnittpetersilie wird auf 5 cm ausgedünnt, Wurzelpetersilie braucht für ihre dicken Wurzeln etwas mehr Platz.

Wer will, kann Petersilie auch als Folgesaaten den ganzen Sommer lang aussäen. Petersilie wächst auch gut auf der Fensterbank in Töpfen, Kisten oder Containern.

Salbei

hat einen herb-aromatischen Geschmack und ist etwas für Feinschmecker. Das wissen auch die Bienen, die ganz versessen auf die blauen Salbeiblüten sind. Salbei ist ausdauernd, liebt die Sonne und braucht bei uns meistens einen leichten *Winterschutz.* Man kauft ihn als Jungpflanze in der Gärtnerei, weil man nur eine Pflanze für den ganzen Haushalt braucht.

Thymian

ist ebenfalls eine gute Bienenweide und sollte schon deshalb angepflanzt werden. Thymian liebt trockene, sonnige Plätze. Auch er ist ausdauernd und recht anspruchslos. Ein paar Blätter genügen zum Würzen, weil er besonders aromatisch ist. Man kauft ihn als Jungpflanze.

Schnittlauch

der auch in den Kräutergarten gehört, findest du bei den Zwiebeln in diesem Buch auf S. 48.

Die Tiefkultur

Die Tiefkultur

Es gibt eine neue Gartenmethode, die alle Leute kennenlernen sollten. Sie ist eigentlich nicht so neu, weil man in China jahrtausendelang nach ihr gearbeitet hat. Es ist die Gärtnerei mit TIEF-KULTURBEETEN.

Bisher ist es bei uns üblich, ein Beet umzugraben, die Schollen zu zerkleinern und dann darauf in Reihen zu säen oder zu pflanzen. Die Reihen haben einen bestimmten Abstand von 30 cm oder mehr, je nach Gemüseart. Später geht man zwischen den Reihen umher, um zu jäten, zu hacken, zu mulchen, Raupen und Schnecken abzulesen, zu ernten. Und bei jedem Betreten wird die Erde fester zusammengetrampelt.

So wird nicht nur das Land zwischen den Reihen ungenutzt verschwendet (und man hatte sich doch vorher bei der Bodenvorbereitung so abgemüht!), sondern man erschwert es auch den Pflanzenwurzeln, sich in der Erde richtig schön auszubreiten, denn der festgestampfte Boden ist für sie undurchdringlich.

Bei der Tiefkultur kann das nicht passieren. Diese Methode ist vor einiger Zeit über Amerika zu uns gekommen und hat hier schnell viele Freunde gefunden.

Und so wird's gemacht: Ein schmaler Streifen Erde wird zwei Spaten tief umgegraben. Bei einem Erwachsenen kann der Streifen etwa 150 cm breit sein, bei kleineren Leuten genügen 90 cm. Wichtig ist nur, daß man die Mitte des Beetes von den Seiten gut erreichen kann, ohne das Beet zu betreten.

Hier kann man es sehen, das »Zwei-Spaten-tiefe-Umgraben«.

Das »Rigolen« oder das »Zwei-Spaten-tiefe-Umgraben«

Und so wird's gemacht: Man hebt einen Graben aus so breit wie ein Spatenblatt und so tief wie ein Spatenblatt.

Dann wird die Erde auf dem Grunde des Grabens um eine Spatentiefe gelockert, indem man den Spaten so tief wie möglich in diesen harten Untergrund stößt und ihn hin und her bewegt. Dieser Untergrund muß unten bleiben und darf nicht an die Oberfläche gebracht werden!

Nun wird entlang diesem Graben der nächste Graben angelegt. Seine obere Erdschicht wird in den ersten Graben geworfen. Wieder wird der harte Untergrund gelockert.

Anschließend kommt der dritte Graben an die Reihe. Die obere Erdschicht dieses Grabens kommt in den zweiten Graben. Und so geht es weiter bis zum Ende des Beetes. Wer es besonders gut machen will, hebt die oberste Erdschicht aus dem ersten Graben auf und füllt mit ihr den Untergrund des letzten Grabens auf.

- Es ist sehr wichtig, *vor* dem Umgraben viel Kompost oder Dung auf dem Land zu verteilen. Beim Graben vermischen sich Dung und Kompost dann mit der Erde.
- Bisher war das nichts anderes, als was Gärtner immer getan haben, wenn sie ihr Land *rigolten*. Der Unterschied zur Tiefkultur liegt im Pflanzen. Es wird zwei bis dreimal so dicht gepflanzt wie beim herkömmlichen Beet. Und es gibt kein Betreten des Beetes mehr!
- Ich habe auch gesehen, daß Tiefkulturgärtner ein breites Brett auf das Beet gelegt hatten und sich beim Pflanzen darauf hockten. So wird das Körpergewicht durch das Brett verteilt, und die Erde wird nicht so zusammengepreßt.

In dieser lockeren schönen Erde können die Pflanzen mühelos ihre Wurzeln tief nach unten senken und ausbreiten. Es kostet sie gar keine Kraft, anders, als wenn sie sich durch festes Erdreich quälen müßten. Das ist der Grund, warum man im Tiefkulturbeet sehr viel enger als gewöhnlich pflanzen kann. Die Wurzeln holen sich leicht, was sie für die Pflanze brauchen, ohne sich durch die Nachbarpflanzen beengt und bedrängt zu fühlen.

Wer mehrere Tiefkulturbeete nebeneinander anlegt, spart einen Weg aus. Der Weg soll so breit sein, daß man zwischen den Beeten gehen und einen Schubkarren durchschieben kann. Dieser Weg wird nie mehr umgegraben. Wer meint, der Weg sei Platzverschwendung, irrt sich; denn bei der gewöhnlichen Beetbepflanzung wird ja der Platz zwischen den Reihen auch nicht genutzt.

Das Tiefkulturbeet wird einmal im Jahr mit der Grabegabel gabeltief umgegraben. Nach drei oder vier Jahren kann man das Beet erneut rigolen.

Auf dem Tiefkulturbeet wird so dicht gepflanzt, daß sich die Blattspitzen der voll ausgewachsenen Pflanzen gerade berühren sollen. Mit diesem engen Pflanzen erreicht man erstens, daß kein Unkraut hochkommen kann,

und zweitens wird ein Kleinklima geschaffen, das keine scharfen Winde in das Beet eindringen läßt und eine Austrocknung der Erde durch zu starke Sonnenbestrahlung verhindert. Gemüse auf dem Tiefkulturbeet braucht viel weniger Wasser als es auf den gewöhnlichen Beeten braucht, fast die Hälfte weniger, so gut wird die Feuchtigkeit im Boden gehalten.

Du solltest wenigstens mit einem Tiefkulturbeet den Versuch machen!
Das Beet darf nicht zu lang sein, sonst braucht man zuviel Zeit, wenn man ganz herumgehen muß. Denn, ich sagte es schon: Das Beet darf nie betreten werden! Auch nicht, um auf die andere Seite zu gelangen. Nur wenn es umgegraben wird, also einmal im Jahr.

Was macht man aber mit Rosenkohl und Zwiebeln, die einen festen, verdichteten Boden haben wollen? Sie werden einfach etwas tiefer in die weiche, lockere Tiefkulturerde gesetzt. Dann werden sie mit den Händen gut angedrückt und sofort gewässert. Nun werden sie prächtig gedeihen. Leute mit Erfahrung im Tiefkulturgärtnern behaupten, viermal höhere Erträge zu erzielen als beim althergebrachten Gärtnern. Und die Qualität des Gemüses ist auch noch besser. Also, versuch's doch mal!

So sieht ein gut entwickeltes Tiefkulturbeet aus.

Geräte

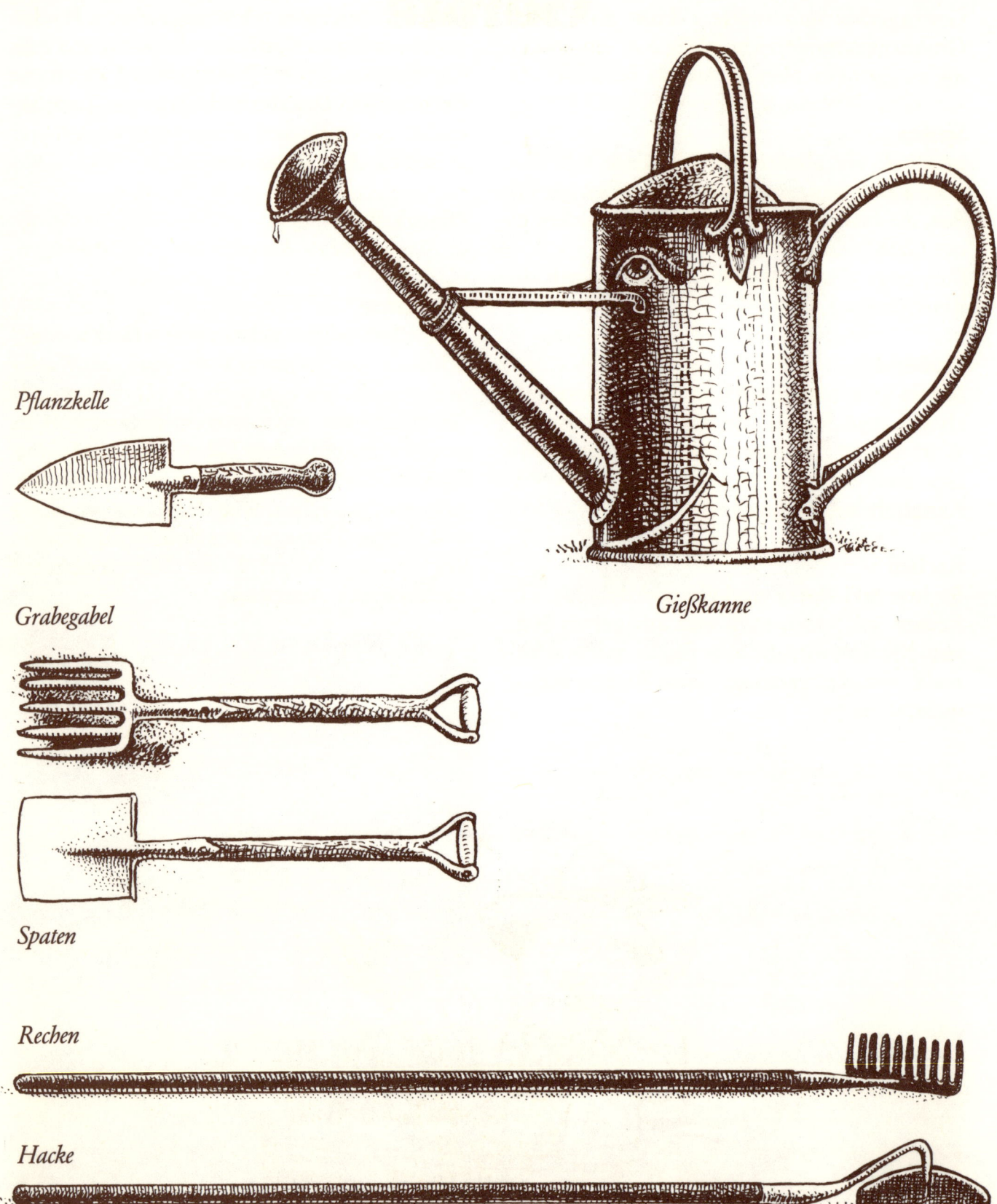

Pflanzkelle

Gießkanne

Grabegabel

Spaten

Rechen

Hacke

Laß dir bei der Anschaffung nicht unnötig viele Gartengeräte aufschwatzen. Eine gute, solide Grundausstattung reicht völlig aus, um anständig zu gärtnern. Hier ist, was du brauchst:

Spaten
praktisch vor allem, wenn die Erde mit Gras oder Rasen bewachsen ist oder für leichte Böden, die beim Umstechen durch die Zinken einer Gabel fallen würden.
(Für junge Gärtner gibt es im Handel auch »Junior-Spaten«.)

Grabegabel
Mit ihr gräbt man meist schneller und besser um als mit dem Spaten. Sie schont außerdem die Wurzeln von Büschen und Bäumen. Und sie ist eine gute Erntehilfe beim »Ausmachen« von Kartoffeln und Wurzelgemüsen.

Rechen
Rechen und Harke sind ein und dasselbe. Der Rechen soll klein, stark und aus gutem Stahl sein. Mit ihm wird die Erde für das Saatbeet krümelig und glatt gemacht. Ohne Rechen geht es nicht.

Hacke
Viele Hobbygärtner schwören auf eine Pendelhacke oder einen Kultivator. Auch das sind gute Gartengeräte, aber die Profis greifen doch oft nur zur normalen Unkrauthacke oder zur Ziehhakke. Mit diesen Hacken arbeitet man schnell und gründlich. Also nimm die.

Pflanzkelle
ist nützlich beim Auspflanzen von Setzlingen.

Gießkanne
Wer seinen Garten nicht an jedem Platz aus dem Schlauch fein beregnen kann, muß das Wasser in der Gießkanne hintragen. Das Gießen aus der Gießkanne mit angewärmtem Regenwasser ist den Pflanzen ein rechter Labetrank. *Gute Gärtner brauchen nicht oft zu gießen*, denn wenn sie gießen, gießen sie gründlich. Wer viel Kompost, Dung und anderen Humus in den Boden eingearbeitet hat, braucht nicht viel Wasser. Dürrezeiten sind natürlich eine Ausnahme.

Tips

Gartengeräte werden immer gereinigt, bevor sie weggehängt werden.
Sie sollen niemals draußen liegen bleiben. Gerätestiele sind teuer. Wenn man sie geschützt aufbewahrt, halten sie lange, im Freien gehen sie sehr schnell kaputt. Holzstiele werden einmal im Jahr mit Vaselineöl eingefettet. Es ist sehr praktisch, die Gartengeräte in einer Kiste voll Sand aufzubewahren. Der Sand wird vorher mit altem Motoröl getränkt. So bekommen die Geräte gleich beim Reinigen eine Schutzschicht gegen Rost. Die Kiste kann im Geräteschuppen stehen; nach der Gartenarbeit werden die Geräte einfach in die Kiste gesteckt – fertig. Grober Dreck sollte allerdings vorher abgekratzt werden.

Jungpflanzen sollen gut weiterwachsen. Bei trockenem Wetter dürfen sie nicht zu stark austrocknen, sie brauchen dann eine durchdringende Bewässerung. Wenn man gießt, soll man gründlich gießen! Durch oberflächliches Gießen bleiben die Wurzeln dicht unter der Erdoberfläche, während ein gründliches Gießen den Boden tief durchfeuchtet und die Wurzeln nach unten zieht. Je tiefer die Wurzeln nach unten gehen, umso besser wächst die Pflanze später.

Wo Kompost zu haben ist – zugreifen! Wirft euer Nachbar seinen Rasenschnitt etwa in die Mülltonne? Bitte ihn um das abgeschnittene Gras; denn du hast mehr Gartenverstand als er und weißt, was der Rasenschnitt wert ist. Bring das Gras auf den Komposthaufen oder breite es unter den Pflanzen als Mulchdecke aus. Du weißt ja, was einmal gelebt hat, kann wieder

dene Stoffe und lagert andere Stoffe ab. Baut man dieselbe Pflanzenart immer wieder am gleichen Platz an, werden die meisten Arten »bodenmüde« und gedeihen nicht mehr. Schädlinge und Krankheiten, die sich am Standort der einen Pflanze gut entwickeln konnten, können einer anderen Pflanzenart oft nichts anhaben und ihr nicht schaden. Wer also *Fruchtwechsel* betreibt, bekämpft sehr wirksam alle Pflanzenfeinde.

leben und sich, nachdem es zu Kompost geworden ist, in köstliches Gemüse verwandeln.

● Wer seine Ferien an der See verbringen darf und Platz im Auto hat, sollte sich einen Sack Seetang mit nach Hause nehmen. Seetang enthält außer vielen nützlichen Mineralien noch andere wertvolle Stoffe, und er erhöht die Fruchtbarkeit der Gartenerde sehr, nachdem er seinen Weg über den Komposthaufen in den Boden genommen hat.

● Wo es nicht verboten ist, kann man sich im Wald Reisig für Erbsen und Stangen für Bohnen schneiden. Es muß aber im Winter geschehen. Im Frühjahr stehen die Sträucher im Saft, und die Zweige treiben Blätter aus. Dadurch werden Erbsen und Bohnen unnötig beschattet.

● Verdirb den Gartenboden nicht durch Betreten bei Nässe. Das gilt besonders für schwere Lehmböden, aber auch für alle anderen Böden.

Sehr gut ist auch Schlamm aus einem Teich oder Tümpel.

● Wenn irgend möglich, soll man dieselbe Gemüseart im nächsten Jahr nicht wieder am selben Platz anbauen. Am besten ist es, die Plätze für jedes Gemüse jedesmal rundum zu verlegen. Jede Pflanze entnimmt der Erde verschie-

28 Ausdrücke
aus der Gärtnersprache

Anhäufeln

lohnt sich, weil es die Wurzelbildung fördert, Wärme speichert und zum Beispiel bei Lauch und Bleichsellerie die eßbaren Pflanzenteile mild und bleich macht. Man zieht mit der Harke kleine Wälle um die Pflanzen herum oder an den Pflanzreihen entlang.

Ausdauernde Pflanzen

kommen Jahr für Jahr wieder. Viele Küchenkräuter sind ausdauernd. Auch alle Gehölze und Bäume gehören dazu.
Die Saattüte für ausdauernde Pflanzen trägt oft dieses Zeichen: ④

Ausdünnen

Wo Pflanzen zu eng stehen und sich deshalb nicht gut entwickeln können, müssen ein paar Pflanzen entfernt werden, damit die übrigen genug Licht, Luft und Nahrung haben.

Breitwürfiges Säen

Man streut den Samen über das ganze Beet, im Unterschied zum Säen in Reihen.

Chlorophyll

ist das Blattgrün, mit dessen Hilfe die Pflanzen unter Einwirkung des Sonnenlichtes aus nichtorganischen Stoffen organische Stoffe herstellen.

Dünger

sind Nährstoffe für die Pflanzen. Sie werden der Erde nachträglich zur Erhöhung der Fruchtbarkeit zugeführt.

Dung, Mist

sind die Ausscheidungen von Tieren, vermischt mit ihrer Streu. Nach dem Verrotten sind Dung oder Mist hervorragend zur Bodenverbesserung geeignet.

Einjahrespflanzen

keimen, wachsen, blühen, bilden Samen und Früchte – dann sterben sie. Alles in einem Jahr. Salat, Erbsen und Bohnen sind Einjahrespflanzen, also »einjährig«. Auf der Saattüte steht häufig dieses Zeichen: ☉

Eisheilige

Die gefürchteten Eisheiligen werden zwischen dem 11. und 15. Mai erwartet. Es sind die Tage der Heiligen Mamertus, Pankratius, Servatius und der Tag der »Kalten Sophie«. Häufig fließt an diesen Tagen Kaltluft aus dem Norden über Deutschland und richtet schwere Kälteschäden im Garten an.

Folgesaat

Wiederholtes Säen einer Gemüseart nach ihrem eigentlichen Aussaattermin. Dadurch kann man die Ernte gartenfrischer Gemüse (zum Beispiel Radieschen, Erbsen, Salat) lange ausdehnen.

Folien und Folientunnel

sind wie ein Wärmemantel für die empfindlichen Jungpflanzen.

Großklima, Kleinklima

Das Großklima ist das Klima einer Gegend. Am milden Bodensee ist es ganz anders als im winddurchpusteten Norddeutschland oder im rauhen Niederbayern.

Das Kleinklima kannst du dir in deinem Garten selbst schaffen.

Lattenzäune, Hecken, ja sogar Stangenbohnen und Reisigerbsen schützen gegen kalte Winde. Unterlagen aus Ziegelscherben, Schieferplatten, schwarzen Plastikfolien oder anderem wärmespeicherndem Material sind eine gute Hilfe. Kleine Erdwälle wärmen und halten den Wind ab, und eine gut gehackte, durchlüftete Erde ist ein besserer Wärmespeicher als ein kahles, festgetretenes Stück Land.

Kompost wärmt, weil er »brennt«, aber auch ein Vermischen der Erde mit Sand trägt zur Wärmeverbesserung bei.

Humus

nennt man die verrotteten organischen Stoffe des Komposthaufens.

Kompost

Organische Stoffe, die auf einem Haufen oder auch in einer Kuhle gesammelt werden, verrotten zu brauner, nährstoffreicher, duftender Komposterde, zu »Humus«.

Lehmböden

sind hervorragende Gemüseböden, wenn sie mit etwas Sand vermischt wurden und nicht zu schwer sind.

Mulchen

Man bringt eine Mulchdecke aus, um die Erde zu beschatten (damit sie ihre Feuchtigkeit hält), um sie gleichmäßig warm zu halten und um das Unkraut zu unterdrücken. Die Mulchdecke kann aus Sägemehl (Sägemehl erst untergraben, wenn es ganz und gar verrottet ist!), kleinen Zweigen, Rasenschnitt oder einer dunklen Folie bestehen.

Man kann sogar alte Zeitungen zum Mulchen nehmen.

Mutterboden

ist die überaus wertvolle Oberschicht der Gartenerde, deren Leben und Fruchtbarkeit über den Erfolg im Gemüseanbau entscheidet.

pH-Wert

ist der Kalkwert eines Bodens; kalkreicher Boden hat einen pH-Wert von 7 bis 7,5. Sehr saurer Boden, etwa da, wo im Wald Heidelbeeren wachsen, hat einen pH-Wert von 4 bis 4,5. pH ist die Abkürzung für den lateinischen Begriff potentia hydrogenii und bedeutet die Stärke und Konzentration des Wasserstoffs in einer Lösung.

Pillensaat

Ganz kleine Samenkörner werden häufig mit einer Hülle aus Lehm (manchmal wird auch Dünger zugesetzt) umgeben, damit sie sich später *leichter* aussäen lassen.

Pillensaat vereinfacht das spätere Ausdünnen. Sie ist allerdings teurer als normales Saatgut.

Saatbeet

Das Saatbeet ist ein besonders gut vorbereitetes Beet, das sorgfältig gegraben und ganz fein geharkt wurde, so daß auch kleine Samenkörner darin keimen können.

Schwachzehrer, Starkzehrer

Lauch, Kohl und Kürbis sind Beispiele für Starkzehrer. Sie brauchen sehr viel Futter für ihre Entwicklung, also eine besonders nahrhafte Erde.

Bohnen, Erbsen und Dill hingegen sind recht bescheiden und deshalb Schwachzehrer. Erbsen und Bohnen bringen auch noch Stickstoff in den Boden, weil sie an ihren Wurzeln »Knöllchenbakterien« haben, die den Stickstoff aus der Luft in der Erde halten.

Tiefkulturbeet

Das ist ein Beet, das zwei Spaten tief umgegraben wurde, mit viel Humus angereichert ist und nie mehr betreten wird. Siehe Seite

Unkraut

ist jede Pflanze, die da steht, wo wir sie nicht haben wollen. Im allgemeinen bezeichnet man mit Unkraut Wildpflanzen, die das Wachstum der Kulturpflanze stören.

Vermehrung

Pflanzen vermehren sich nicht nur durch Samen.

Man kann ausdauernde Pflanzen auch durch Stockteilung vermehren. Dabei wird der ganze Pflanzenstock ausgegraben und ein Teil oder mehrere Teile mit Wurzeln abgetrennt. Diese Teilstücke werden dann wie Jungpflanzen gepflanzt.

Verpflanzen

Beim Ausgraben und Wiedereinsetzen von Jungpflanzen geht man sehr behutsam und schonend zu Werke. Es lohnt sich.

Vorkultur

Manche Pflanzen brauchen eine besondere Pflege und Anzucht, damit sie später im Freiland weiterwachsen können. So werden zum Beispiel bestimmte Samen unter einer Glasscheibe in einem Anzuchtkasten mit besonders guter Erde vorgezogen, mehrfach verpflanzt, dann langsam abgehärtet und später ins Freie gesetzt. Auch weniger empfindliche Samen kann man in einem Anzuchtkasten aussäen oder »vorkultivieren«, sie kommen dann zuverlässiger und schneller als im Freiland.

Winterschutz

hilft vor allen den Gemüsen zu überleben, die im Herbst gesät wurden und im Frühjahr weiterwachsen sollen.

Er kann aus Fichtenreisig, Laub, Stroh, trockenem Torf, Baumrinde, halbverrottetem Kompost usw. bestehen. Er sollte locker über den Pflanzen liegen.

Zweijahrespflanzen

brauchen für das Keimen, Wachsen, Blühen, für Frucht- und Samenbildung zwei Jahre. Zweijährige Pflanzen haben häufig eine große Zwiebel, eine dicke Wurzel oder einen starken Stamm auszubilden. Im ersten Jahr ruhen sie über Winter und schießen im nächsten Jahr schnell in Frucht und Samen. Wir ernten sie meist schon, bevor sie ihre Samen ausbilden. Zu den zweijährigen gehören die Kohl-, Wurzel- und Zwiebelgemüse, auch die Petersilie ist zweijährig.
Auf der Saattüte steht häufig dieses Zeichen: ☼

Sorten

Wer die Wahl hat, hat die Qual beim Sameneinkauf seines Saatguts im Samenfachgeschäft. Es gibt so viele Sorten, und die Vielfalt des Angbots ist oft verwirrend. Hier sind ein paar gute und auch altbewährte Sorten aufgelistet. Im Laufe der Zeit wirst du gewiß deine besonderen Lieblingssorten herausfinden, vielleicht sind es ganz andere als die hier aufgeführten. Diese hier sind auch nur als Starthilfe gedacht:

Artischocken (S. 68)

Große von Laon oder Jungpflanze besorgen

Bohnen (S. 58)

Buschbohnen

Saxa, sehr frühe Ernte; Folgesaaten
Favorit, frühe Ernte
Wachs Goldjuwel, mittelfrühe Ernte; gelbe Hülsen

Feuerbohnen

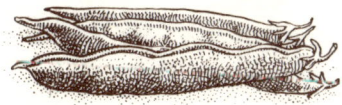

Rotblühender Preisgewinner

Stangenbohnen

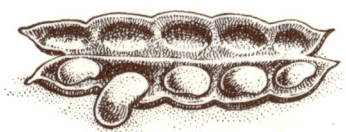

Neckarkönigin
Ruhm vom Vorgebirge, auch für rauhe Gegenden

Erbsen (S. 58)

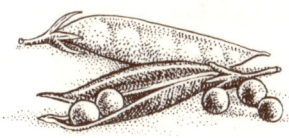

Wunder von Kelvedon, frühe Ernte
Kleine Rheinländerin, wird nur 30 cm hoch, kein Reisig nötig zum Ranken
Schweizer Riesen, bis 140 cm hoch

Gurken (S. 73)

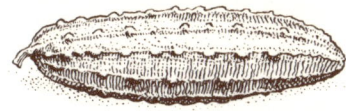

Vorgebirgstrauben, Meptram
Delikateß

Kartoffeln (S. 60)

Es gibt sehr viele ausgezeichnete Kartoffelsorten. Laß dir von deinem Fachhändler sagen, welche Sorte für euren Boden und euer Klima die geeignete ist.

Kohlgemüse (S. 64)

Blumenkohl

Erfurter Zwerg, Folgesaaten April bis Juni; Ernte nach
   7 Wochen
Flora Blanca, Herbstblumenkohl; Ernte Oktober

Grünkohl

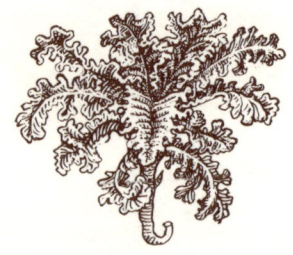

Lerchenzungen, besonders in Norddeutschland

Kohlrabi

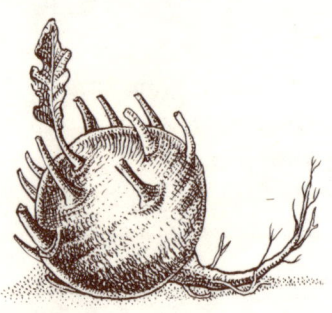

Blauer Roggli, Frühkolrabi
Blauer Speck, Spätkohlrabi
Weißer Roggli, Frühkolrabi
Weißer Delikateß, mittelfrüher Kohlrabi

Rosenkohl

Wilhelmsburger, frühe Ernte
Hildes Ideal, für Spätherbst und Winter

Rotkohl

Mohrenkopf
Marner Lagerrot, für den Winter; hält sich gut

Weißkohl

Dithmarscher Früher September Weißkohl, *Marner
Braunschweiger*, für Sauerkraut besonders gut
Delfter Spitz, *Filder-Typ*, Herbstaussaat für Experimen-
   tierfreudige mit dieser Sorte

Wirsingkohl

Vorbote, der früheste Wirsing
Eisenkopf, stark gekrauste Blätter
Dauer Wirsingkohl, *Marner*, für die Wintereinlage-
   rung in Erdmieten

Steckrüben (Unterkohlrabi, Kohlrüben) (S. 52)

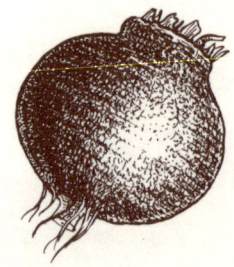

Gelbe Wilhelmsburger

Kürbis (S. 68)

Spagettikürbis

Karotten (Gelbe Rüben, Möhren, Mohrrüben) (S. 53)

Juwarot
Gonsenheimer, frühe Ernte
Nantaiser »Marktgärtner«, für Sommer und Herbst;
  auch als Pillensaat erhältlich

Pastinake (S. 72)

Halblange Weiße

Lauch (Porree) (S. 57)

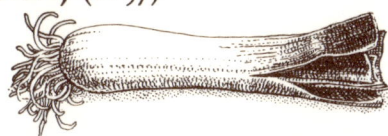

Elefant, für den Herbst; auch als Pillensaat erhältlich
Siegfried, für den Winter

Radieschen (S. 41)

Cherry Belle, sehr früh
Champion, auch als Pillensaat erhältlich
und viele andere Sorten

Rettiche (S. 41)

Rosa Ostergruß
Weißer Ostergruß
Münchner Weißer
Münchner Bier, Herbstrettich

Rote Bete (S. 45)

Rote Kugel
und andere Sorten

Salat (S. 44)

Endiviensalat

Grüner Escorial, Kopf zum Bleichen
  zusammenbinden
Rosabella, *Bubikopf-Typ*, selbstbleichend

Feldsalat, Rapunzel

Holländischer Breitblättriger, Ernte im Spätherbst
Dunkelgrüner Vollherziger, *Typ Polar*, Augustaussaat;
  Winterschutz aus Fichtenreisig

Kopfsalat (S. 44)

Maikönig, der früheste Kopfsalat
Attraktion, auch als Pillensaat erhältlich
Brauner Trotzkopf, mittelspät
Hitzkopf, gut geeignet für heiße Sommermonate
Fortynineo, Laibacher Eis-Typ
Wunder von Voorburg, Herbstsorte

Spinat (S. 55)

Matador, Aussaat vom Frühling bis zum Herbst;
  winterfest
Neuseeländer Spinat, Sommerspinat; keimt schwer,
  dann üppiges Wachstum

Tomaten (S. 42)

gibt es heutzutage in allen Formen, Farben, Größen
und Geschmacksrichtungen. Hier nur eine kleine
Auswahl:
Gartenfreude, *Benary*, entwickelt viele kleine süß-
  schmeckende, hocharomatische Tomaten in
  Pflaumengröße
Moneymaker, bewährte Sorte, Massenerträge
Patio, für die Balkongärtnerei in Töpfen, Contai-
  nern, Plastiksäcken
Fleischtomate Rodeo, besonders große Früchte für Ge-
  müse und Salat

Zucchini (S. 68)

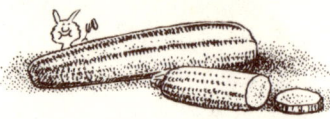

Senator

Zwiebeln (S. 48)

Weiße Frühlingszwiebeln, für milde Gegenden; Aus-
  saat August; Winterschutz
Zittauer Gelbe, auch als Pillensaat erhältlich
Stuttgarter Riesen, für den Wintervorrat; auch als
  Steckzwiebeln
Gelbe Schalotten, bildet Zwiebelnester

In Süddeutschland bzw. Österreich sagt man zu

Thymian – Kudelkraut
Bohnen – Fisolen
Kartoffeln – Erdäpfel
Blumenkohl – Karfiol
Kohlrabi – Kohlrübe
Rosenkohl – Sprossenkohl
Rotkohl – Blaukraut, Rotkraut
Weißkohl – Weißkraut
Wirsingkohl – Kohl
Kürbis – Plutzer
Rettiche – Radi
Feldsalat, Rapunzel – Vogerlsalat
Tomaten – Paradeiser
Rote Bete – Rote Rübe